【時代劃分】

*本書依照美術史的方式劃分時代。

江戶時代前期：一六〇三年～一六八八年（慶長、寬永、寬文、明曆、延寶、天和等）*尤其以一六〇三年～一六四四年為江戶初期

江戶時代中期：一六八八年～一七八九年（元祿、享保、寶曆、明和、安永等）

江戶時代後期：一七八九年～一八六七年（寬政、文化、文政、天保、嘉永等）*尤其以一八五四年～一八六八年為幕府末年（安政、萬延、文久、元治、慶應）

【用語解說】

◉地名

江戶……東京的舊稱，江戶幕府的大本營。常與上方比較。

上方……以京都或大坂（江戶時代的大阪寫作「大坂」）為首的畿內地區

京坂……京都與大坂。是由京都的「京」與大坂的「坂」組成的合稱。

◉和服

小袖　現代和服的原型。是袖口較小的和服，當然也有袖口較寬的和服。原本是庶民平時穿的服裝，後來演變成公家的內衣。自鎌倉時代之後，成為外穿的服裝，進而普及。

中著　穿小袖時的內衣。沒穿打掛的時候，中著就是上著與下著之間的小袖。

打掛　披在和服最外層的小袖，於室町時代成為武家女性的禮服，後來成為公家的日常服飾，到了江戶時代，演變成富裕人家的婚禮服飾與遊女的正式服裝。

薄物　絽或紗這類質地輕薄的織品。常作為盛夏服飾穿著。

單衣　沒有內裡的和服。

湯文字　最貼近肌膚的女性內衣，又稱為腰卷。

◉髮型

髷　束髮後，折成兩半或折彎的部分。

髱　從後腦勺到襟足（後腦勺髮線）向外隆起的部分。京坂一帶將髱讀成「tsuto」而非「tabo」。

鬢　位於頭部兩側，接近耳際的頭髮。

◉人物

若眾　年輕人、美少年

俠客　自詡俠義之心（鋤強扶弱）的人，有時也指賭徒。

町奴　町人出身的俠客。身著華麗服飾的烏合之眾。

男伊達　與俠客、町奴同義。非常愛面子的男人。

女伊達　指的是一言一行都與男伊達相近的女性

伊達　指的是耍帥的人。喜歡華麗的裝扮與愛慕虛榮。

勇肌　為了弱者挺身而出，對抗強權的性格。

粋人　性好風流、風雅之人

通人　通曉事物之人。於吉原遊戲人間的人。

伊達虛無僧　戴著尋常斗笠與刀子的是虛無僧，而伊達虛無僧則是為了趕流行而打扮成虛無僧的人。在天蓋（深編笠）插上尺八是這類人的註冊商標。

藝伎　以跳舞、唱歌、打擊樂器攬客的女性。在江戶稱為「藝者」。

色子　年輕的歌舞伎役者。也出賣男色。或稱舞台子。

陰間　原本是指未站上舞台的兒童役者（是與站上舞台的色子、舞台子相對的稱呼）。後來演變成出賣男色的少年的統稱。

花魁　吉原遊廓最高階的遊女

引込新造　是吉原遊廓還未接客的年輕遊女，也是備受期待的新星。

禿　在吉原遊廓服侍高階遊女，為了成為遊女而接受磨練的少女。

粋筋　在花街以賣藝為生的人。也指與藝者、遊女有關的事情。

夜鷹　於路邊賣春的娼婦

小者　身分低微的奉公人（僕役）

火消　江戶時代的消防隊員。指的是阻止火勢蔓延的男人，又稱火消人足與鳶職。

船人　船員

車力　以搬運貨物為生的人

堅氣　從事正當職業，腳踏實地生活的人。

年增　上了一定年紀的男女。四十歲前後的男性與二十歲～四十歲左右的女性。

大和時尚美學圖鑑

江戶人其實很潮！

從平民到花街藝伎、藝人到武士貴族，用現代插畫解析浮世繪流行文化

お江戸ファッション図鑑

日本人氣繪師 撫子凜 著

服裝史學者 丸山伸彦 監修

許郁文 譯

目錄

第三章 隨藝而生的人

第四章 花街之人

前言

本書是一本江戶時代文化資料集，收錄了許多根據浮世繪改繪的時尚插圖。一開始是以《江戶風格集》這個名稱在社群網站和同人誌上發表，追加描繪一枚繪與實用的插圖資料之後，便集結成本書。

我常被問到「根據什麼資料繪製江戶的服飾比較好？」我每次都回答「浮世繪是最好的參考資料」，但不太適合直接沿用，因為有些浮世繪的內容比較難以理解，所以我才決定將這些浮世繪升級成現代風格的插圖，方便現代人欣賞。部分插圖的顏色經過調整，比例也經過調整，但基本上，還是忠實地呈現原有的風貌，也標註了參考來源，還請大家對照著看，或許會有一些新發現。

監修的丸山先生曾說，江戶時代的日本恐怕是全世界最早出現所謂「平民時尚」的地方，其起步之早，甚至領先歐美各國一百年，這真是令人驚訝的事實，這也意味著江戶的服飾文化在當時是世界第一。

江戶服飾到底充滿了多少先人的叡智、創意、技術與設計呢？但願透過本書與各位讀者分享其中一二。

撫子凜

第一章

市井之民

町娘

江戶時代中期

明和時期（一七六四～一七七二）的年輕町娘。

粉紅色的振袖採用鐵線花的花紋

往上翹的鶺鴒髱搭配島田髷的髮型稱為「春信風島田」，在當時大為流行（▼第30頁）。

為了避免弄髒衣擺，會將衣服紮在帶子之間，拉高衣擺。

右手從袖子內側的縫隙（袖口）伸出來

水藍色*中著的花紋是青海波

＊穿在上著與下著之間的衣物

改繪自鈴木春信〈桃の小枝を折り取る男女〉❖

若眾

江戸時代中期

當時的女性十分憧憬若眾的風格，紛紛起而效尤。

有斑紋的櫛（▼第70頁）
雍容華貴的鶺鴒髱搭配若眾髷（▼第34頁）
條紋羽織
花紋為竹子與梅花的黑色腰帶
梅花圖紋的小袖

❖改繪自宮川一笑〈清水堂娘飛降りの図〉

通人

江戶時代後期

寬政時期的通人（善於吉原紅燈區尋花問柳的人）。精通花柳界的達人其羽織與小袖會是同一色調，藉此引領極簡裝扮的潮流。

黑縮緬的頭巾
菸草袋
小紋花樣的中著（▼第6頁）
在簡樸的和服上搭配亮麗顏色的腰帶，呈現出時尚感。
符合潮流的長羽織

頭巾是男性的飾品，有保暖、避免灰塵、掩人耳目的用途，但幕府曾為了降低犯罪率而禁止男性戴頭巾。頭巾的種類也非常多。

改繪自歌川豐國〈吉原大門内花魁道中図〉

町娘

江戸時代中期

手拿羽根與羽子板，穿著猶如新年華服的商家大小姐。

鷗髱搭配勝山髷（▼第30頁、136頁）
片輪結的腰帶（初期～中期的男女都是採用細長的腰帶，所以曾有段時間都是以相同的方式綁腰帶）（▼第35頁）。
恭賀新年的服飾搭配豪華*縫箔的振袖
竹葉搭配福來雀的花紋

❖改繪自西川政信〈二美人図〉

*利用刺繡與摺箔縫出的圖紋

町娘

江戸時代後期

在新年打「板羽球」的大小姐。

燈籠鬢搭配島田髷的造型曾於天明~寬政年間流行（▼第30、31頁）

條紋腰帶

以孔雀羽毛裝飾的振袖非常奢華

改繪自磯田湖龍齋〈羽根付図〉❖

若眾

江戶時代後期

於新年觀賞日出的若眾。身上的長合羽具有保暖的功能。

若眾的髮型到了江戶時代後期，出現髱漸漸消失，而髷變大且位置漸高的趨勢。

若眾髷（▼第34頁）
紫底格紋的長合羽（▼第98頁）
菸草袋（▼第38頁）
小袖是格子搭配竹葉的花紋
重草履（▼第40頁）

 ❖改繪自歌川國貞〈二見ヶ浦 初日の出〉

若眾

江戶時代後期

於新年*卯之日前往寺廟參拜的若眾。

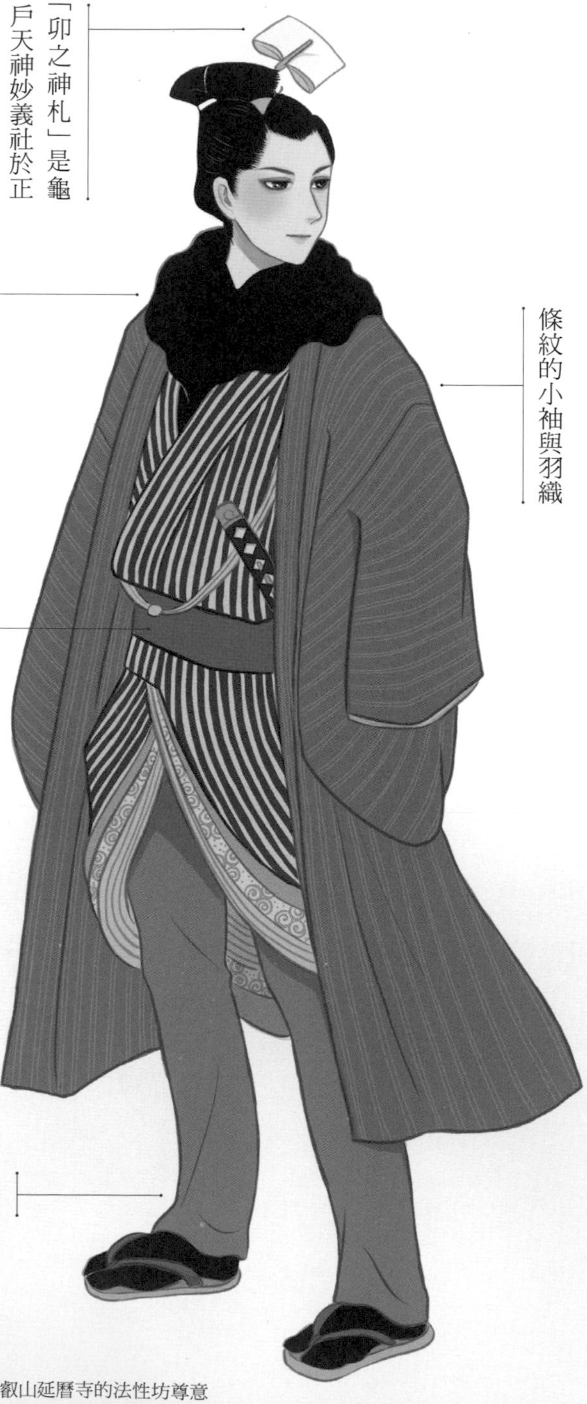

「卯之神札」是龜戶天神妙義社於正月卯之日賜予香客的神札。
黑色的頭巾會纏在衣襟上
以朱紅色作為重點色的腰帶。這種顏色的腰帶又稱為腹切帶。
股引
條紋的小袖與羽織

*菅原道真的老師「比叡山延曆寺的法性坊尊意僧」是於「卯日」的「卯刻」成佛，所以被尊為「卯之神」。自此初卯祭便開始舉行。

改繪自勝川春潮〈橋上の行交〉

火消

江戸時代後期

勇敢的打火弟兄，男伊達的極致樣貌。
消防員是最受歡迎的江戸男子。

缽卷
刺青
弁慶格紋的小袖（▼第37頁）
葉子花紋的紅色麻布腰帶
釘拔繫花紋的股引

❖改繪自〈江戸風俗図巻〉

伊達虛無僧

江戶時代中期

自正德五年（一七一五）二代目團十郎於中村座演出巧扮虛無僧的曾我五郎之後，伊達虛無僧的扮相就廣受江戶人歡迎，並在江戶帶動一股大流行。

綁在前面的大丸絎帶（以棉花為內芯，做成棒狀的腰帶）
天蓋（深編笠）
*黑袈裟
尺八。源自助六（歌舞伎的角色）將尺八插在腰帶。
觀世水的花紋（▼第103頁）

＊袈裟是佛教僧侶的服飾

改繪自菊川英山〈女虛無僧〉

町娘

江戶時代後期

年輕女孩的外出服。

將手拭巾綁成大姐頭巾
腰帶很重，所以用帶締固定。
格子花紋的小袖
光琳風的千鳥花紋內襯
兔子花紋的腰帶。兔子與木賊是經典的組合。
為了避免衣擺拖地，會在志占貴腰帶的位置打褶。

❖改繪自歌川國安〈東都名所ノ內 洲崎汐干狩〉

町娘

江戶時代後期

現代人耳熟能詳的八丈島名產「黃八丈」，在江戶中期之前都是進獻的絹織品，原本只有上級武士才能穿，但是到了江戶後期，歌舞伎《戀娘昔八丈》的女主角阿駒穿了之後，就在年輕女孩之間造成大流行。

深綠色的御高祖頭巾。四角的頭巾。
用手拭巾固定
黃八丈圖紋的小袖
志古貴腰帶（▼第15頁）
晝夜帶（以表、裏不同的布製成的腰帶）
梅花圖紋的中著（▼第6頁）

改繪自歌川國貞〈江戶名所百人美女 洲崎〉

町娘

江戸時代後期

突逢夜雨，在家門前用力擰乾浴衣衣擺的女性。

大姐頭巾
藍染浴衣
博多織的晝夜帶
從紅色的湯文字（女性內衣，又稱腰卷）露出的白皙雙腳特別性感

 ❖改繪自歌川國貞〈集女八景 肅湘夜雨〉

町娘

江戸時代後期

盛夏的小姑娘。用團扇聲援偶像的文化至今不滅。

畫著市川團十郎工藤祐經的團扇
年紀尚輕，所以肩膀部分還有*打褶。
高島田髮型搭配大朵髮結（緞帶）的模樣很可愛（▼第31頁）
袖掛的設計非常通風
絣的夏季小袖

*縫起和服肩山的部位，以調整後領中心至袖口的長度。

改繪自歌川國貞〈江戸八景 両国ノ夕照〉

町娘

江戸時代後期

泡完澡，用浴衣擦乾身子的女性。浴衣本是「湯帷子」的簡稱，是入浴時，穿在身上擦汗的棉製和服，兼具浴巾與便服的功能。

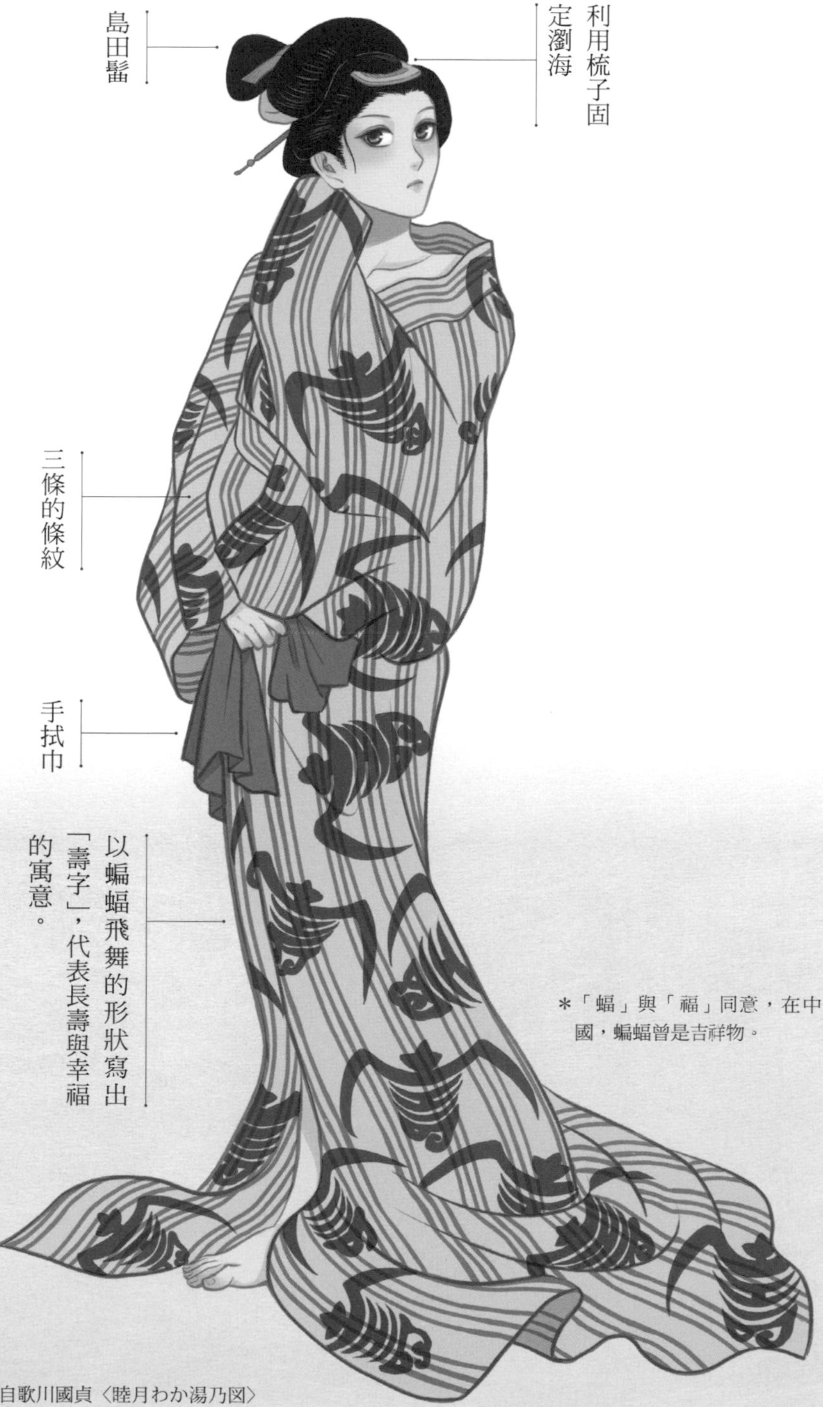
利用梳子固定瀏海
島田髷
三條的條紋
手拭巾
以蝙蝠飛舞的形狀寫出「壽字」，代表長壽與幸福的寓意。

*「蝠」與「福」同意，在中國，蝙蝠曾是吉祥物。

❖改繪自歌川國貞〈睦月わか湯乃図〉

町娘

江戶時代後期

準備去練習三味線的小姑娘。一身可愛的辣妹裝扮。

佈滿牽牛花圖紋的陽傘
用來固定腰帶的丸絎帶（▼第14頁）
避免中暑的袖掛
小袖是碎花搭配櫻花的型染
將晝夜帶綁成「堅結」（▼第101頁）
厚底木屐

改繪自歌川國貞〈今世斗計十二時 未ノ刻〉

町娘

江戶時代後期

於盛夏乘涼賞螢的女性。

纏著布的煙管（▼第38頁）
袖口的縫線處做成通風的袖掛樣式
纏在脖子周圍的手拭巾
腰帶為單一結（▼第101頁）
格紋的夏季小袖

❖改繪自歌川國貞〈蛍狩り〉

看板娘

江戶時代後期

於淺草寺黃昏市場工作的楊枝店女性。

將手拭巾當成大姐頭巾使用
麻葉圖紋的掛襟
條紋小袖
市松花紋的腰帶（▼第75頁）
將網代紋樣搭配桐紋的腰帶打成單一結（▼第101頁）
格紋的前掛

改繪自菊川英山〈東都名所八景 浅草の暮ノ市〉

若眾

江戶時代後期

新年進行惠方詣（前往該年位於吉位的神社或寺廟參拜，祈求幸福的意思）的若眾。

於正月卯日在龜戶妙義社領受的神札（▼第12頁）
意喻吉祥的裝飾品
吊著*下酒之王「劍菱」的酒樽
黑色的腰帶
包在格紋風呂巾裡面的隨身小物
條紋小袖

*在京都或大阪生產，再下放至江戶，供大眾消費的產品稱為「下酒」。

❖改繪自歌川國貞〈春曙恵方詣〉

町娘

江戶時代後期

色彩華豔、青春洋溢的穿搭。

又輕又薄的振袖。衣擺的牽牛花圖紋很可愛。
高島田（▼第31頁）
腰帶是紫陽花唐草搭配雲朵的花紋

町娘

江戶時代後期

年輕姑娘的華服。

島田髷（▼第30頁）
有流蘇的花簪（▼第70頁）
固定腰帶的丸絎帶（▼第14頁）
紫底網紋與波千鳥圖案的振袖。這些顏色、花紋與圖案都寓意吉祥。
花唐草花紋的腰帶
單片麻葉圖紋的中著（▼第6頁）

 ❖改繪自歌川國貞／廣重〈双筆五十三次 日本橋〉

若旦那

江戸時代後期

從裝扮來看，應該是富裕商家的少主人。或許有心儀他的茶店小姑娘。

手拭巾披在肩上
扇子
條紋小袖
銀杏髷。後腦勺的髷比第33頁的小銀杏更大。
家紋為三柏
佈滿瓢簞碎紋的羽織。瓢簞有生意興隆的寓意。
光腳搭配草鞋

改繪自歌川國貞〈亀戸藤の景〉

茶汲娘

江戶時代後期

茶屋的小姑娘就是近在眼前的偶像。一旦被身份高貴的男性看上，也有可能飛上枝頭當鳳凰，所以無不用心打扮。

清新的高島田（▼第31頁）
將梳子戴在瀏海上
網紋小袖
將晝夜帶綁成「堅結」（▼第101頁）
山茶花圖紋的前掛

❖改繪自歌川國貞〈江戶名所百人美女 浅草寺〉

物賣人

江戶時代中期

兜售扇面是江戶的夏季即景詩之一。物賣人會穿著華服模仿歌舞伎演員，邊走邊叫賣。

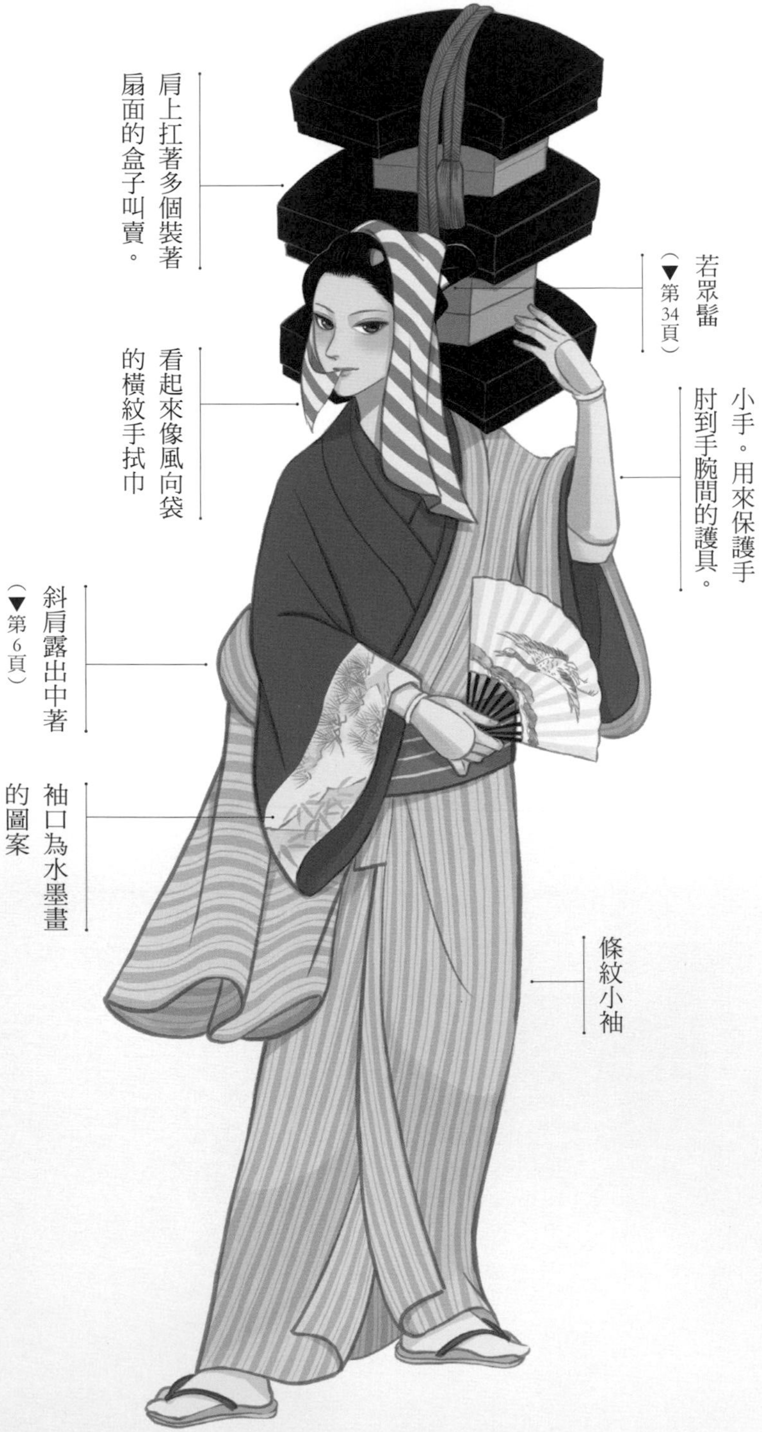
若眾髷（▼第34頁）
小手。用來保護手肘到手腕間的護具。
條紋小袖
肩上扛著多個裝著扇面的盒子叫賣。
看起來像風向袋的橫紋手拭巾
斜肩露出中著（▼第6頁）
袖口為水墨畫的圖案

改繪自鈴木春信〈浮世美人寄花　路考娘〉

若妻

江戶時代後期

為求丈夫平安，不惜百次參拜的賢妻。

剛剃完眉毛，所以臉色有點慘白。
已婚女性的丸髷（▼第31頁）
念珠
錢緡。稻草繩。為了記得是第幾次參拜，每參拜一次就放下一枚銅錢。
龜甲型的松葉圖案腰帶
志古貴腰帶（▼第15頁）
網代花紋的小袖
用紅繩綁牢木屐帶，以免木屐帶脫落。

 ❖改繪自歌川國貞〈江戶名所百人美女　堀の內祖師堂〉

【自下】

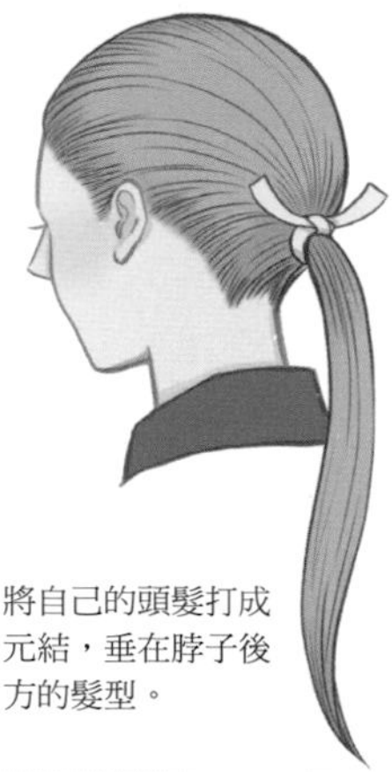

將自己的頭髮打成元結，垂在脖子後方的髮型。

【玉結】

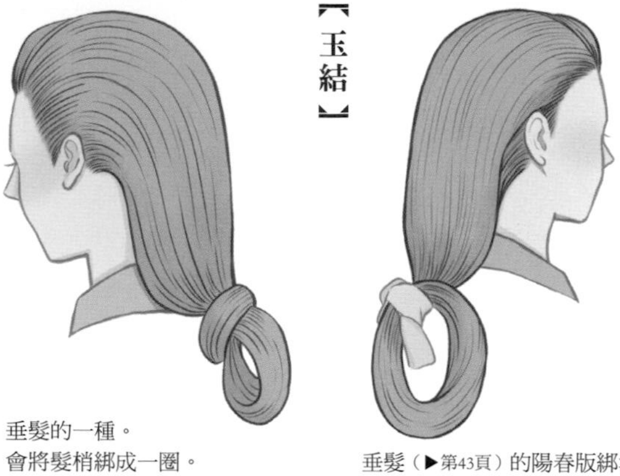

垂髮的一種。
會將髮梢綁成一圈。

垂髮（▶第43頁）的陽春版綁法

【綁緊根部的垂髮】

這是古代的馬尾。遊女（妓女）常綁這種髮型。

【禿】

原本是指小孩的髮型，後來轉為成熟女性的髮型。是簡單剪一剪的髮型。

【御所風髷】

這種髮型源自御所女官的垂髮，一開始於上流社會盛行，後來慢慢普及至煙花之地。

【元祿島田】

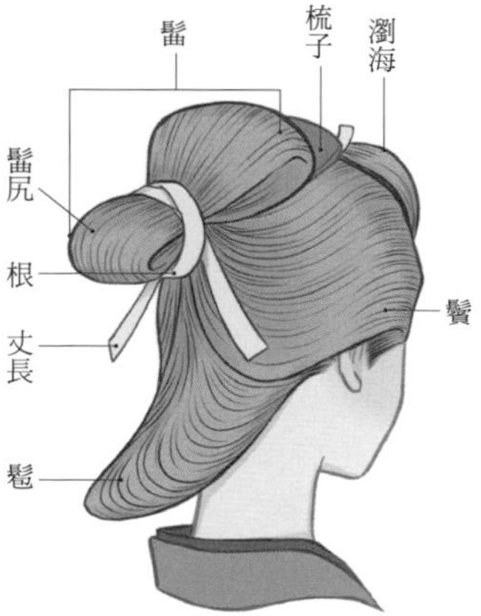

天和～元祿年間（1681～1704）。突出的髱很像海鷗尾巴，所以又稱為「鷗髱」。

【春信風島田】

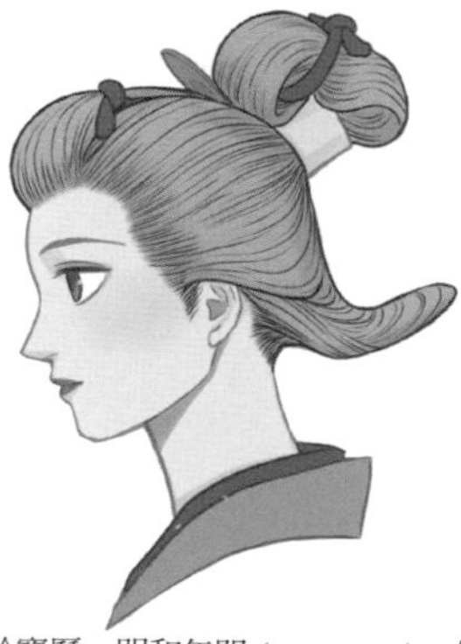

於寶曆、明和年間（1751～1772），在町娘之間流行的髮型。在頭頂往上突起的髱很像是鶺鴒的尾巴，所以這種髮型又稱為「鶺鴒髱」。

島田髷

一般認為，最早採用島田髷的是東海道島田宿的遊女（但眾說紛紜）。最初源自江戶初期的若眾髷，之後於一般女性之間廣為流行。這種將後面的頭髮折起來，再以元結固定的髷，統稱為島田髷。

【高島田】

根部與髷尻的部分托高的島田髷。又稱為奴島田。

【島田崩】

在島田髷的前髷插入笄，再捲起來的髮型。粋筋（煙花界的相關人員）、年增（20歲前後的女性）常採用這種髮型。

【扁島田】

受到多數女性喜愛的髮型。髷的中間像是壓扁一樣，所以才稱為「扁島田」。

【丸髷】

已婚女性的代表髮型

【燈籠鬢勝山】

以鯨鬚製作的鬢張（類似髮圈的道具）固定形狀，讓每根頭髮看起來很通透，所以才被稱為「燈籠鬢」。

【結棉】

這種髮型是在扁島田綁上手絡（裝飾用的布）或稱為鹿子的髮飾。會把髷尻的部分整成圓形。

【焦結】

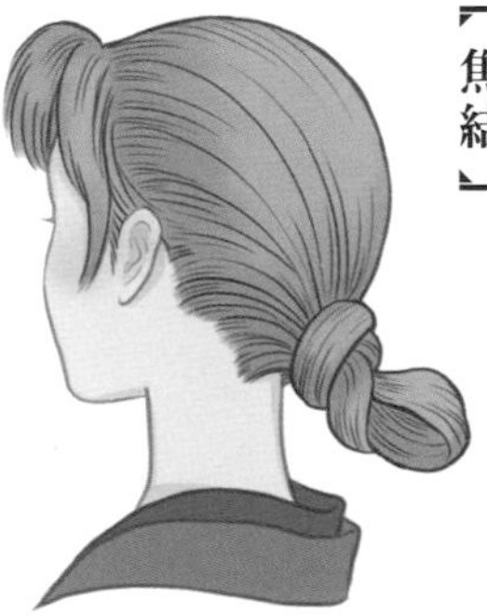

受粋筋喜愛的簡易髮型

【銀杏返】

在根部的左右繞出一圈頭髮，再以元結將髮梢綁在根部的髷。從粋筋到一般老百姓都很喜歡這種髮型。

【布天神】

在天神髷（在類似銀杏返的髮型左右繞出一圈頭髮，再於根部插上髮簪的髷）綁布的髮型。很受粋筋這類追求時髦的女性歡迎。

【茶筅】

形狀很像刷抹茶用的茶筅，故以此得名。常見於戰國時代餘溫猶存的江戶初期。

【大月代茶筅】

先剃成月代頭（▶第66頁），再將頭髮綁成茶筅的髮型。是一般武家階級的髮型。

【撥鬢】

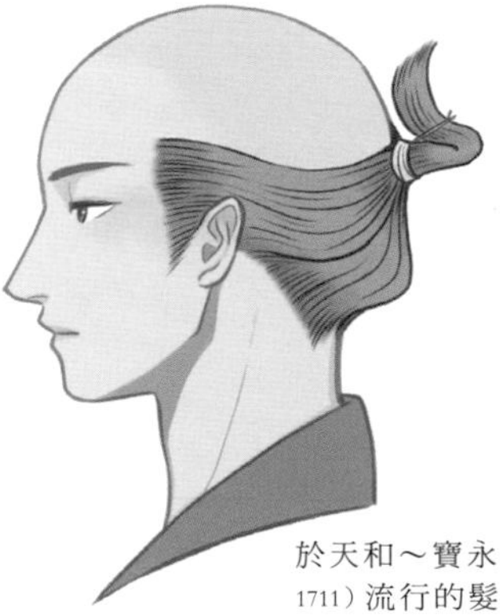

於天和～寶永年間（1681～1711）流行的髮型。由於很像是三味線的撥子，故以此命名。多見於尋常百姓。

【蟬折】

於天和～元祿年間（1681～1704）流行。將髷往上折，再讓末端攤開的髮型。俠客、力士或游手好閒的人常是這種髮型。

【辰松風】

由人形淨瑠璃的人氣操偶師辰松八郎於享保年間（1716～1736）發明的髮型。先將髷的根部拉高，再多繞幾圈元結，最後以針固定。

【疫病本多】

於明和年間（1764～1772）流行，是本多髷的一種。故意多剃掉一點頭髮，讓髷的部分變細，看起來病入膏肓的樣子。年輕的粋人（風雅之人）特別喜歡這種髮型。

【本多】

一般認為，本多這種髮型源自德川四天王之一的本多忠勝，是從江戶中期之後開始流行。

在髷的下方繞7圈紙繩，讓髷立起來的髮型。

【團七】

本多髷的一種。很受陽剛味重的男性歡迎。

【束髮】

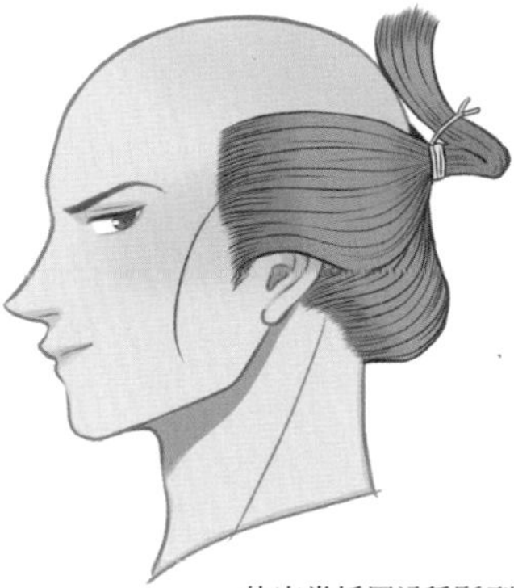

俠客常採用這種髮型。通常不太抹油，讓刷毛部分集中向上散開。

【瀟灑風】

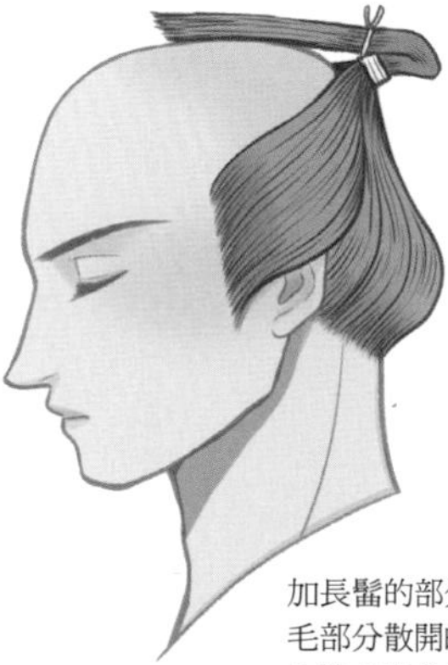

加長髷的部分，再讓刷毛部分散開的髮型。出入漁市場的男人或消防員常採用這種髮型。

【小銀杏】

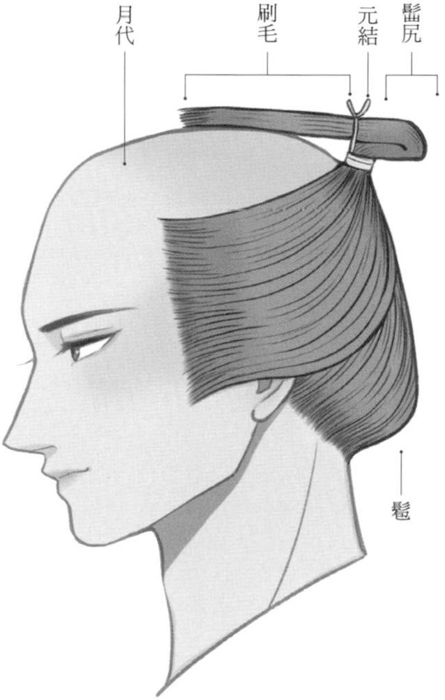

一般町人常梳的髮型。髷的部分不會太粗，而且呈一直線的髮型。町人階級的髮型特徵之一就是髱的部分會稍微突出來。

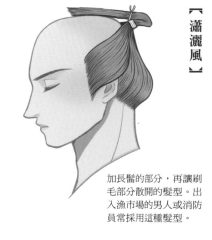

若眾髷的特徵在於有瀏海，頭頂為中剃（地中海髮型）。這是元服（成人禮）之前的髮型，成人後，會剃掉瀏海，代表已經是能獨當一面的男人。不過，男同性戀就算長到十八～二十歲，也還會留著瀏海，而他們那才色兼備的中性魅力不僅能迷倒男性，也能讓女性傾心。據說最具代表性的「島田髷」也是源自若眾髷。

17世紀 江戶時代初期

初期的若眾會把瀏海往上吹，不會綁起來。

（▶第42頁）

17世紀末～18世紀前半 江戶時代中期

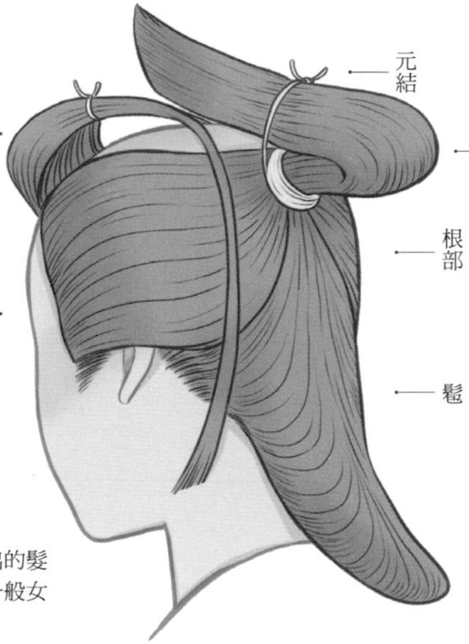

在當時，髱特別突出的髮型很流行，也很受一般女性青睞。

18世紀後半 江戶時代中期

將髱往上拉，看起來更清爽。髷的部分特別大。

18世紀末 江戶時代後期

讓髱的部分保持平坦，但髷的部分特別粗。鬢的部分也寬鬆。

【神田結】

年輕人或船夫、搬運工這類出賣勞力的工人很常綁這種結。

【駒下駄結】

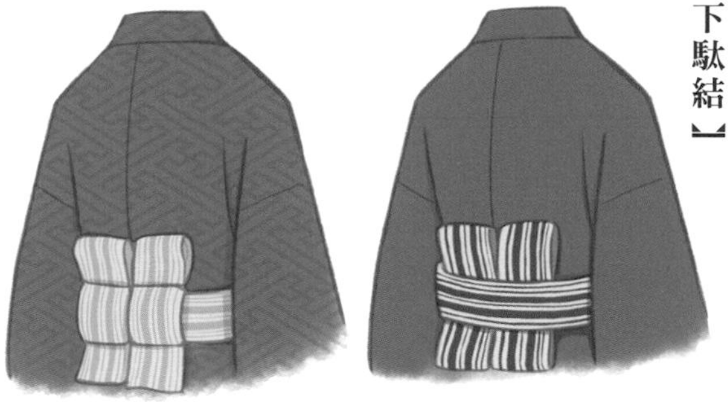

江戶後期～
武士綁腰帶的方法。很適合放上袴的腰板。

通人（於花街柳巷悠遊自得的人）

【腹切帶】

黑色無華的和服搭配亮紅色腰帶，得體大方。

【逗貓結】

江戶中期～
將細長的帶子繞腰部3圈，剩下的部分再打成單輪結。

【貝口】

江戶初期的老百姓很常綁這種結，到了現代也是標準的腰帶綁法。

【單輪結】

單邊打成繩圈的結

【歌牌結】

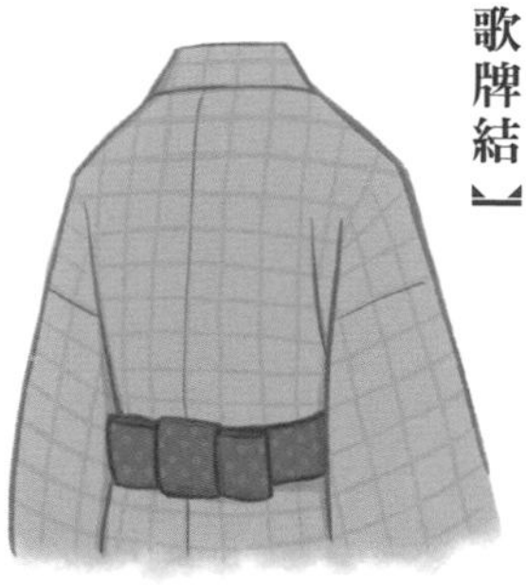

於江戶初期流行，男女都常打這種結。看起來像是3張歌牌排在一起，所以稱為歌牌結。

縞

江戶和服的經典花紋「縞」常見於南方的舶來品，主要源自「島渡」或「島物」，在當時也是最前衛的異國花紋。

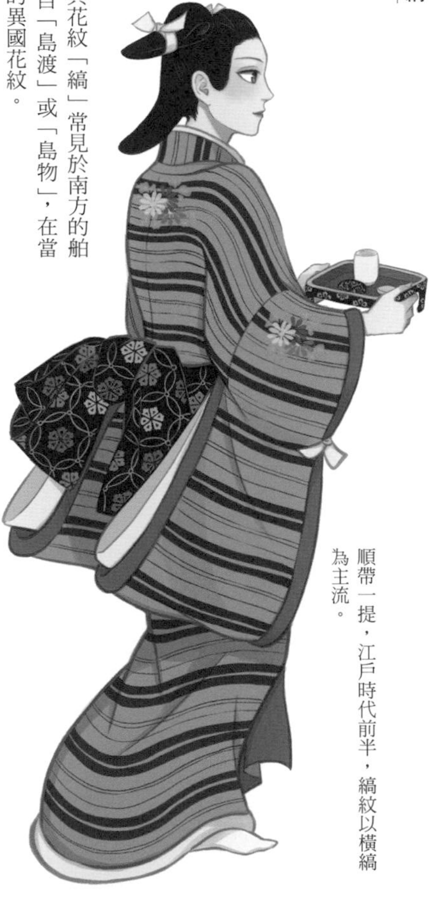

順帶一提，江戶時代前半，縞紋以橫縞為主流。

❖改繪自宮川長春〈花下美人少女図〉

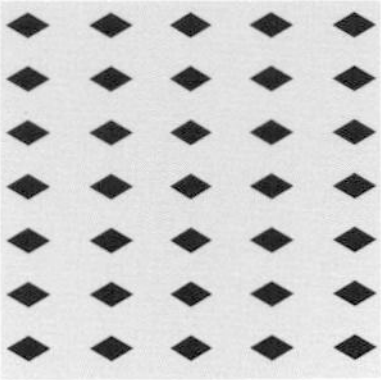

算盤縞

以算盤珠排成的縞

蹌踉縞

紋路如同水波彎曲的縞

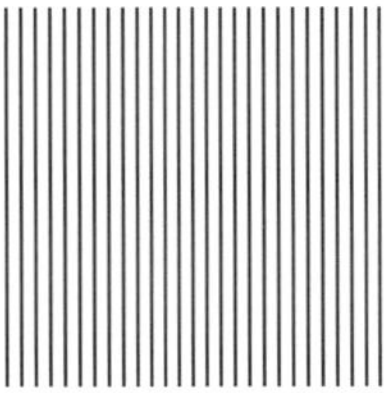

萬筋

一萬條縞的意思，所以線條非常細。

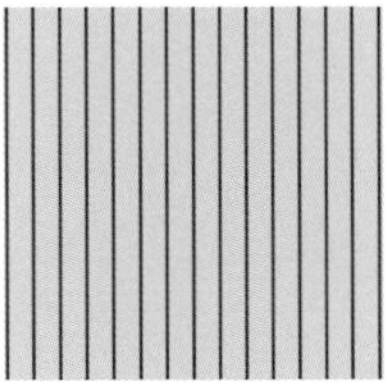

千筋

細長的縞紋

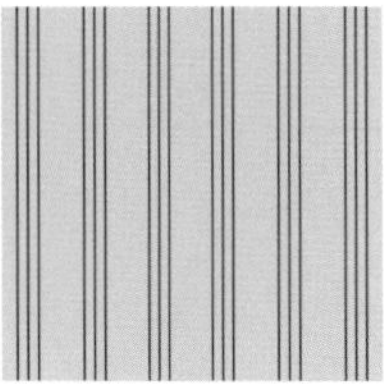

三筋立

3條線一組的縞

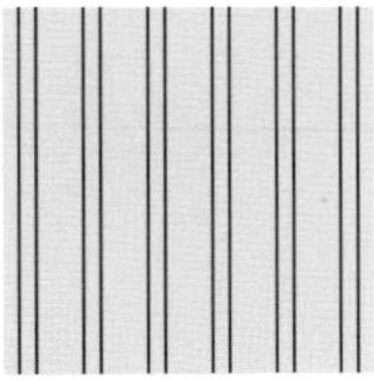

金通

2條線並列的縞

片子持縞

粗、細線彼此平行的縞

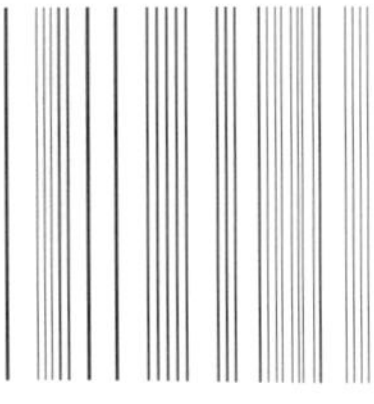

矢鱈縞

條紋的間距與顏色呈不規則排列的縞

滝縞

先是粗條紋，然後慢慢變細條紋的縞。

棒縞

粗條花紋

格子

這是橫縞與直縞組成的複合縞。若換成現代用語，就是所謂的格紋。這種花紋在日本的歷史非常悠久，早從平安時代後期就可見於捲軸畫之中。

一般認為，格紋是於江戶時代後期廣受歡迎。格紋與縞都散發著極簡之美，深深擄獲了江戶人的心。許多浮世繪也都看得到這類花紋。

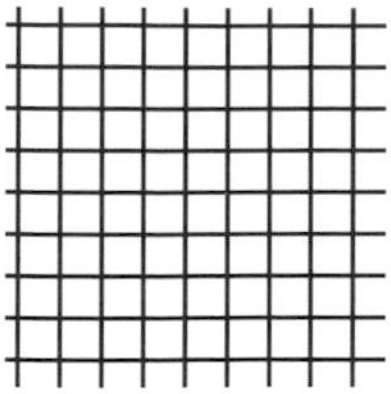

小格子

小的格子縞

大格子

大的格子縞

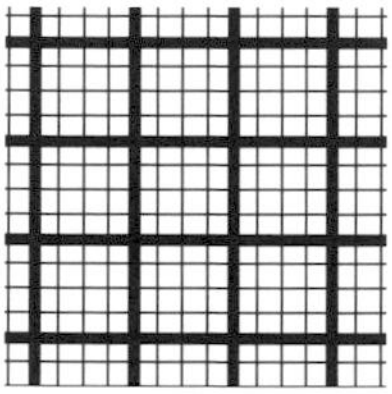

味噌漉格

於粗線之中等距佈滿細線的格紋

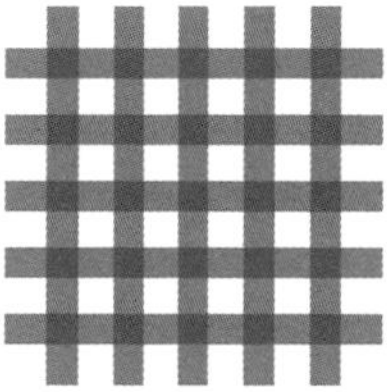

弁慶縞

長寬兩色交錯之處的顏色會較深

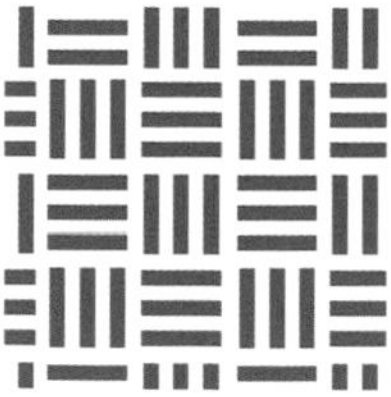

三崩

每3條一組，呈長寬排列的紋路。

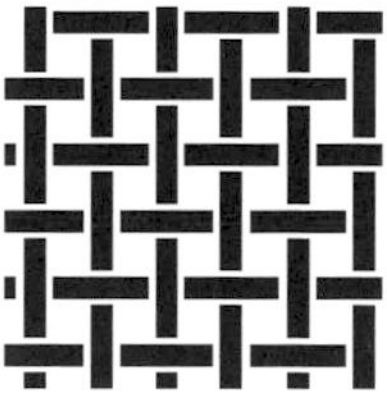

一崩

長寬交錯排列的紋路

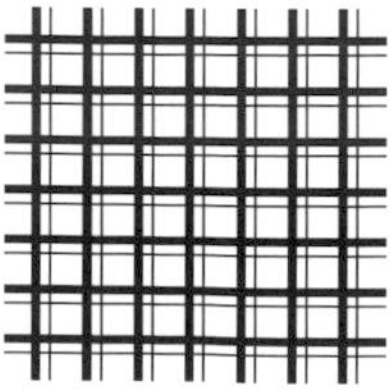

童子格子

於粗縞旁邊植入細縞的格紋

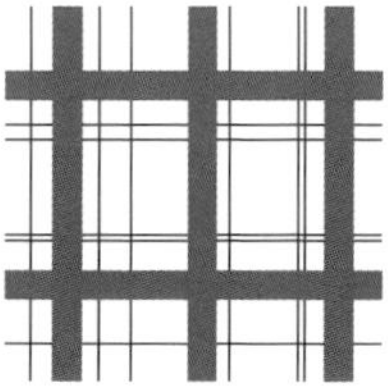

翁格子

於粗線之中，植入多條細線的格紋。

囊物就是裝放隨身物品的小包包。由於和服沒有口袋，所以囊物不是放進袂（袖口）就是放進懷中，不然就是放進腰帶或掛在腰帶上。

由於武士會將武士刀插在腰部，所以不太方便將袋子掛在腰部，因此會把袋子掛在腰部的都是平民百姓。

最常見的有放紙鈔或放菸草的袋子，在此僅介紹菸草袋。隨著吸菸人口增加，菸草袋的素材、設計也越來越多，慢慢地便發展成兼具實用性與時尚性的隨身配件。

煙管

吸口
羅宇
雁首

菸草提袋

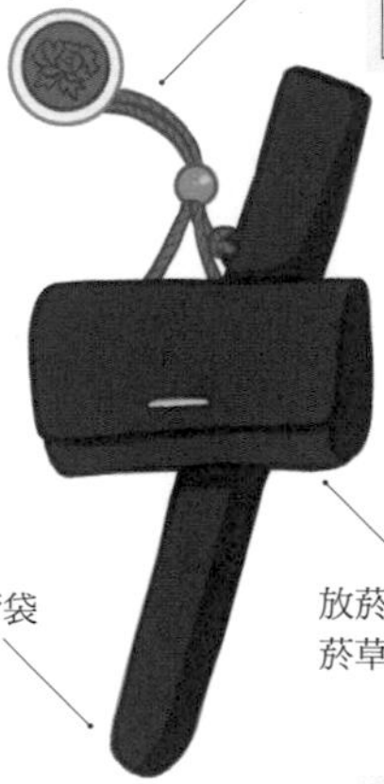
將根付這個部分掛在腰帶上，讓菸草袋垂掛在腰部。
緒締
煙管袋
放菸草絲的菸草袋

插腰菸草袋

將菸草袋插在腰部

男人的時尚！這可是一展時尚敏銳度的配件。

印籠

早期是放印鑑與印泥的配件，後來變成裝藥的容器。

根付
緒締

印籠是以精湛的工藝技術製成的隨身配件，有的表面會以蒔繪裝飾，甚至還在其他部分施以螺鈿金貝或金工。

對江戶人來說，守護人身安全的護身符可是必需品啊！

懸守

鳶職（高處作業人員）與粋筋特別喜歡這類配件，有祈願消災解厄、人身平安的用途。

巾著

男女老幼都使用的配件。會掛在腰帶上隨身攜帶。

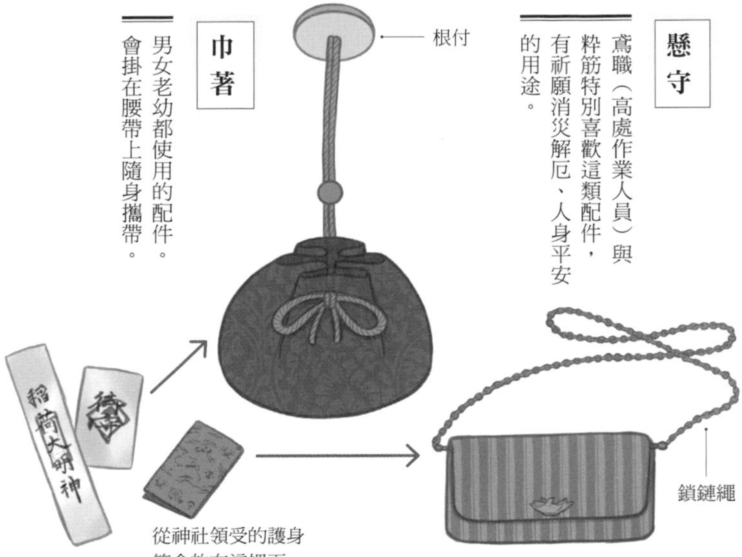
根付
稻荷大明神
鎖鏈繩
從神社領受的護身符會放在這裡面

腕守

於藝伎這類女性之間流行。會綁在二頭肌的位置，避免他人看見。

情人寫的信或是護身符會放進帶子裡，再捲在手臂上。
放香料的金屬配件

直接斜掛在身體上再穿上和服。若隱若現的鎖鏈在當時可是非常時尚的裝扮！

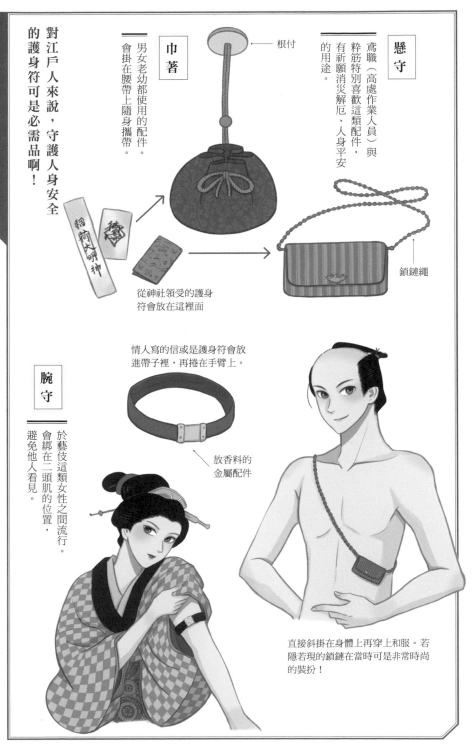

江戶時代的鞋子主要有木屐、草履、草鞋這幾大類，有許多仍為現代人所熟知。不管是木屐還是草履，在平安時代就已問世。一般認為，江戶時代的木屐是從雨天專用的足駄改良而來。草鞋自奈良時代就已問世，通常以稻草編成，種類與綁法也很多元。

草履

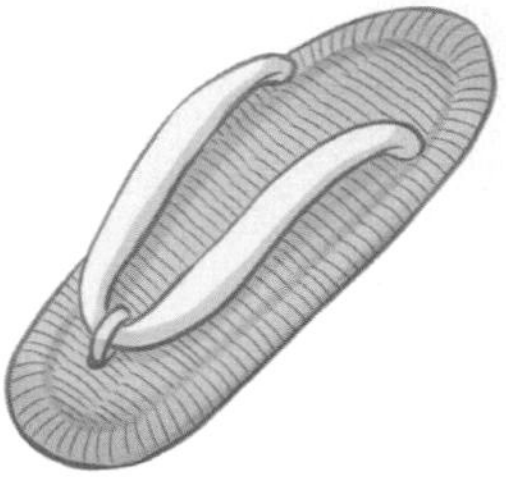

以稻草或藺草編成，再裝上草履帶的鞋子。

足半

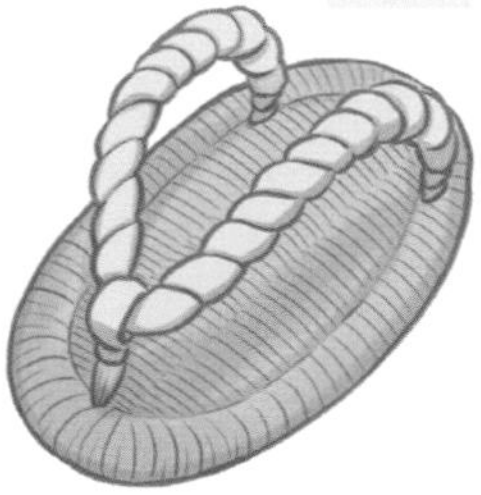

小巧的稻草草鞋

四乳草鞋

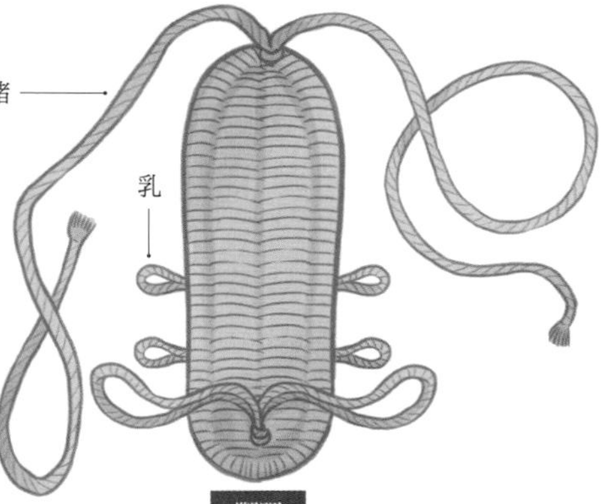

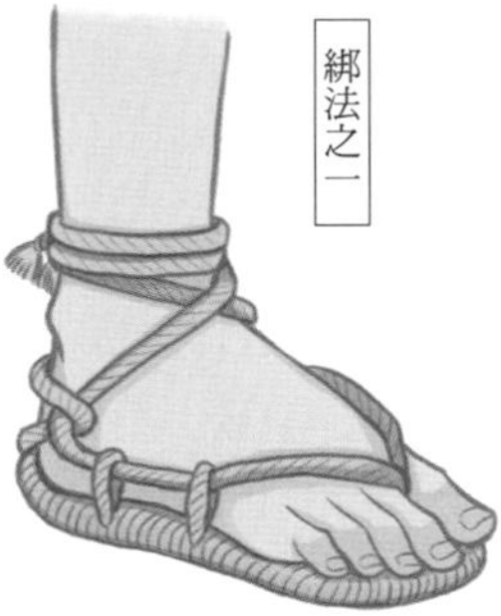

【木屐的背面】

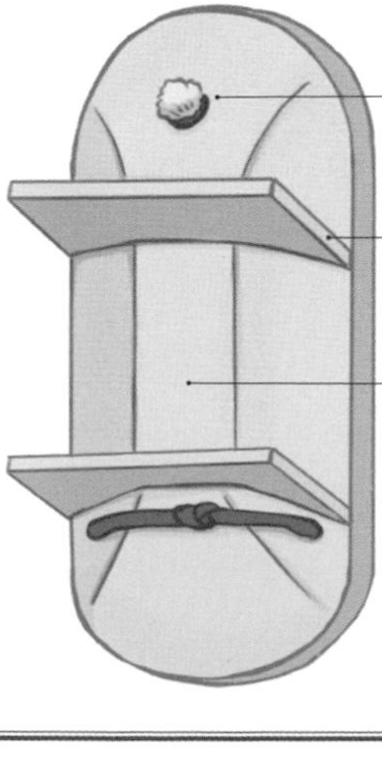

重草履

自江戶中期以後，加厚版的草履便廣為流行。

板草履

於底部水平排列板子的草履。雨天專用。

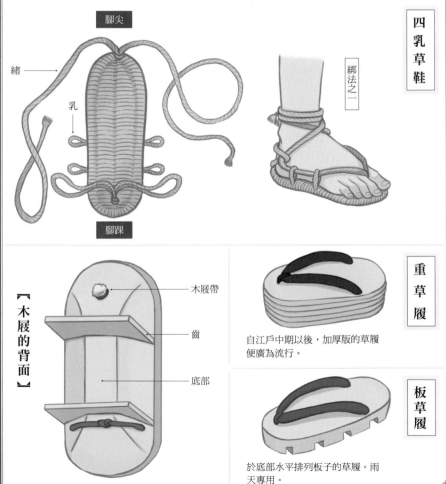

第二章

武家之人

若衆

江戶時代初期

天真無邪的少年模樣。中性的裝扮正是若眾的魅力所在。

中剃二折髷。這是將頭頂正中央剃成一圈後，保留瀏海的髮型，也是成人禮之前的髮型。（▼第66頁）
將留長的*1瀏海往上翻，就有從容自在的感覺。
黑底小花的振袖有種奢華的感覺
大小（刀）的刀鞘是*2梅花鯊魚皮的裝飾

*1 讓頭髮變得蓬鬆再往上翻

*2 背上有梅花花紋的魚皮

改繪自〈若衆立ち姿図〉❖

武家

江戶時代初期

上流階層的女性外出服飾。外出時，半掩容貌是自古以來的風俗。

垂髮。綁好的頭髮稱為「結髮」，而放著不綁的頭髮稱為「垂髮」。
被衣。蓋在頭上的小袖。曾為刺客所用，所以自十七世紀後半開始，便禁止於江戶使用。
江戶初期的袖子較為窄短
簡易的腰帶結
奢華的縫箔小袖（▼第9頁）

❖改繪自〈豊国祭礼図屏風〉

若眾

江戶時代初期

引領當時流行的男子。蝙蝠羽織流行於寬永（一六二四～一六四五）、正保（一六四五～一六四八）期間。

波浪狀的側髮是流行的若眾髷（▼第34頁）
蝙蝠羽織。貌似蝙蝠展翼的形狀，故以此得名。
袖子較長，身丈（肩膀到衣擺的部分）較短。
有很多褶的*踏袴

＊細褶的袴

改繪自山東京傳〈骨董集〉

若衆

江戶時代中期

武家的年輕武士。正裝凜然的姿態，為符合新年氛圍的裝扮。

若衆髷（▼第34頁）
鎌刀交錯的家紋
小花圖案的肩衣袴，由於肩衣和袴為同一圖案，也稱為「上下」（▼第64頁）。
以羽毛、繩子為設計的振袖

現代普遍認為「振袖是女孩子的衣服」，但其實振袖本是兒童的衣服。兒童的體型嬌小，若不在小袖另做「振」（袖擺），就會變成筒袖（沒有袂的細長筒型袖子）

❖改繪自西川祐信〈四季風俗図巻〉

若眾

江戶時代中期

於賞花之際吟唱短歌的美少年。源氏香的紋樣暗示著如同光源氏般的男子。

若眾髷（▶第34頁）
短冊
「源氏香」圖案的振袖羽織
條紋圖案的袴

「源氏香」

從五種香料各做五包的二十五包香料之中隨機挑選五包，接著焚香，再猜這五包香包各是哪種香料的遊戲。由五條直線與橫線組成的圖形共有五十二種，各種圖形都有對應的源氏物語*卷名。是充滿藝術與高雅的設計。

*沒有第一卷的「桐壺」與最後一卷的「夢浮橋」

改繪自勝川春章〈桜下詠歌の図〉

武家

江戸時代後期

衣著極度華麗的千金小姐。是相親之際的服裝。

高島田（▼第31頁）
揚帽子。於外出之際，避免頭髮沾染灰塵的帽子，會用針固定在瀏海上。（▼第67頁）
將佛具圖示的腰帶綁成矢字結（▼第101頁）
圓形花菱的家紋
志古貴腰帶（▼第15頁）
振袖的圖案是於水藻之間倘佯的金魚

 ❖改繪自歌川國貞〈江戸名所百人美女 東本願寺〉

御殿女中

江戸時代後期

雖是江戸城內的人員，但還是能以前往寺廟參拜作為外出的藉口。是能稍微忙裡偷閒的假日。

片外（▼第67頁）
由於高階的御殿女中一輩子都是僕人，所以會仿照出嫁的女子剃眉與塗黑牙齒。
腰帶為牡丹唐草圖案
為了避免踩到衣擺，會綁上志古貴腰帶（▼第15頁）。
紅葉與銀杏。武家女性喜歡古典簡樸的圖案。
白色足袋和重草履（▼第40頁）

改繪自歌川國貞〈亀戸藤ノ真盛〉

武家

江戸時代後期

氣質清新的武家女兒的外出打扮。

高島田（▼第31頁）
鼈甲的花笄與花簪（▼第70頁）
腰帶是連續的毘沙門龜甲搭配寶相華的圖案，而且綁成矢字結（▼第101頁）。
志古貴腰帶（▼第15頁）
佈滿「雪持笹」和「梅花、鹿子絞染成的雪輪圖紋」的振袖。

❖改繪自歌川國貞〈江戸名所百人美女 芝あたご〉

御殿女中

江戸時代後期

高階御殿女中的外出服。

在「片外」的髮型戴上避免灰塵沾上頭髮的揚帽（▼第67頁）
流水搭配水車圖案的打掛
志古貴腰帶（▼第15頁）
緋紅色的中著（▼第6頁）
重草履（▼第40頁）

改繪自歌川國貞〈江戸名所百人美女 三縁山増上寺〉❖

武家

江戶時代後期

正在學習茶道的武家女兒，散發著英氣颯颯的氣質。

高島田搭配兩天花簪（▼第31、70頁）
*組紐的元結（▼第136頁）
用來裝水洗茶碗的建水（茶具）
黑底唐花唐草圖案的腰帶，綁成平十郎結。（▼第100頁）
擦拭茶具的帛紗
柄杓與蓋置
以條紋、松皮菱圖案裝飾的絣振袖

❖改繪自歌川國貞〈江戶名所百人美女 いひ田まち〉

＊使用絲綢的紗線編織成的裝飾品

姬君

江戸時代後期

於富裕大名家庭出生的公主。極盡奢華的公主裝扮。

高島田（▼第31頁）
搭配組紐的元結（▼第51、136頁）
銀製花簪
沒有任何圖紋的朱色振袖
百花繚亂與金光閃閃的打掛
豇豆。固定大袖口的裝飾繩。可避免袖口敞開。

改繪自歌川國貞〈江戸名所百人美女 霞ヶ関〉

武家

江戶時代後期

於富裕的武家出生的千金大小姐。圖中是於新年祈求吉祥的裝扮。

花簪
高島田（▼第31頁）
有福來雀圖案的簪
綁成豎結（▼第101頁）的*1蜀江文腰帶
「世紀」與琴柱、菊花的圖案。寓意「聽到好事」的*2畫謎圖樣振袖

＊1 以連續的八角形和四角形圖案接續而成的紋樣，源自中國・蜀國地區生產的織物。

＊2 猜測文字或圖案寓意的設計

❖改繪自歌川國貞〈亀戶初卯祭〉

大名

江戶時代後期

是將軍以下，諸大名與官階從五位以下的官員穿著。出席將軍宣下或朝廷特別儀式的服飾。

束帶。

改繪自《徳川盛世録》

大名

江戶時代後期

直垂。
是武家最崇高的禮服，只有將軍一家、實力派的外樣大名、老中、官職高於從四位下侍的官員可以穿著。

風折烏帽子（▼第63頁）
懸緒
殿中差。出仕之際或於江戶城中使用的短刀。
菊綴
大帷子
長袴
胸紐
中啓（反折扇）
袖露（▼第63頁）

❖改繪自《徳川盛世録》

大名

江戶時代後期

官至五位的一般大名與旗本（諸大夫）的禮服。這種禮服狀似「直垂」（日本裝束之一），上面繡有斗大的家紋。大紋。

風折烏帽子（▼第63頁）
懸緒
家紋共有九個（直垂的部分有五個，袴的部分有四個）
胸紐
腰紐
中啓（反折扇）
菊綴
袖露（▼第63頁）
長袴

旗本

江戶時代後期

布衣。
旗本（俸祿在一萬石以下，身份為御目見以上）的禮服。
沒有圖案的絹質狩衣。

風折烏帽子
懸緒
中啓
殿中差
袖括縫線（袖口一長一短的縫線）
指貫

❖改繪自《徳川盛世録》

武士

江戶時代後期

長上下（裃）。五節句這類節日進城時的正式服裝。是御三家、御三卿這類高階武家的一般禮服。

二折髷（▼第66頁）
肩衣（▼第64頁）
殿中差
有熨斗目圖案的小袖（▼第65頁）
長袴

改繪自《徳川盛世録》❖

旗本

江戸時代後期

繼上下（裃）。

「繼」為上下穿不同套的意思，肩衣與袴的材質不同，顏色或紋路也都不同。原本是便服，到了幕府末年成為公服（上朝的禮服）。

❖改繪自《徳川盛世録》

御台所

江戶時代後期

將軍的正室，也是大奧的流行教主。過新年的時候，每天會換五次服裝，平日也會一天換三次服裝。

御又返*
椎茸髱（▼第67頁）
花笄。技藝精湛的工藝品，只有御台所可以配用。
佈滿檜扇與鐵線蓮的打掛
佈滿竹葉圖案的朱色振袖

＊御台所從懷孕到著帶之儀（懷孕5個月）為止的髮型

改繪自揚州周延〈千代田之大奧〉

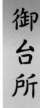

奥女中

江戶時代後期

上級奧女中的夏季正式服裝。七夕的活動包含在白木台上面放瓜類蔬菜、西瓜、桃子獻給神明，以及在竹葉綁上短冊（長紙條）或吟唱短歌。

剃掉眉毛後，在額頭畫的殿上眉。
御長下*
提帶。只有夏季才看得到的腰卷姿。提帶為這種打扮的專用腰帶（▼第68頁）。
呈放供品的白木台
佈滿萩花圖案的帷子（高級的麻布）
利用髢（接髮）接長頭髮

❖改繪自揚州周延〈千代田之大奧〉

＊梳成椎茸髱，再以髢在後腦勺接出長髮的「大垂髮」。

奧女中

江戶時代後期

新年板羽球的御小姓。
御小姓是服侍御台所或姬君的人，通常由高級旗本七～十四歲的女兒擔任。

稚兒髷（▼第67頁）
肩上（▼第18頁）
矢字結（▼第68、101頁）
佈滿流水、扇子、櫻花這類圖紋的高級振袖

改繪自楊州周延〈千代田之大奧〉

【直垂】

在江戶幕府的制服之中，屬於高階的禮服。

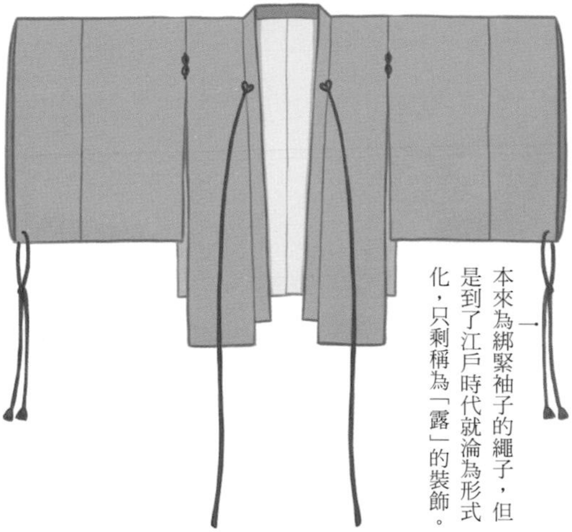
本來為綁緊袖子的繩子，但是到了江戶時代就淪為形式化，只剩稱為「露」的裝飾。

一開始是平安時代的偏鄉武士或庶民穿著的服飾，後於鎌倉、室町時代發展為武家上朝的禮服。袖子為二幅（寬度相同的兩塊布接在一起）的設計。

【狩衣】

繼直垂之後發展的禮服，只有官至五位以上的武家可穿著。

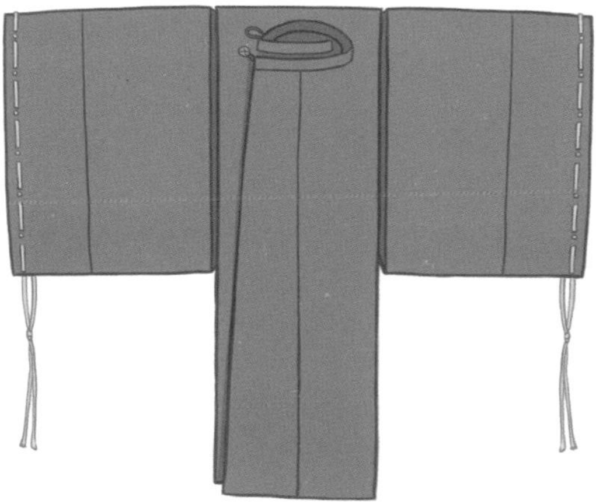

狩衣原本是平安時代的公家所穿的便服。有織文（圖案）的稱為「狩衣」，沒有織文的狩衣稱為「布衣」，是旗本的禮服。袖子與直垂一樣，都是寬度相同的二幅。

【風折烏帽子】

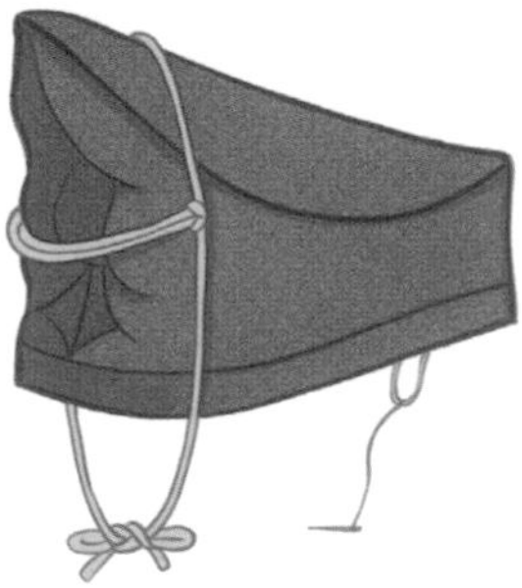

將*立烏帽子的「峰」（帽頂）折下來的帽子。一般會如圖將左折，只有上皇會往右折。

*頂部的「峰」高高立著、不多加折曲的烏帽子。立烏帽子為最原始的烏帽子樣貌。

【侍烏帽子】

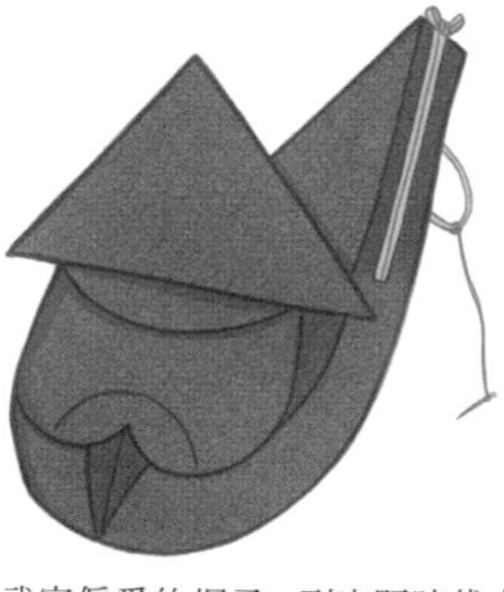

武家偏愛的帽子。到室町時代中期之前，立烏帽子的構造非常複雜與曲折，但到了室町時代末期之後就簡化為圖中的帽子。

【上下（裃）】

武家禮服的一種，上為肩衣，下為袴。素材固定為麻布，不是沒有圖案就是以細碎的花紋裝飾。

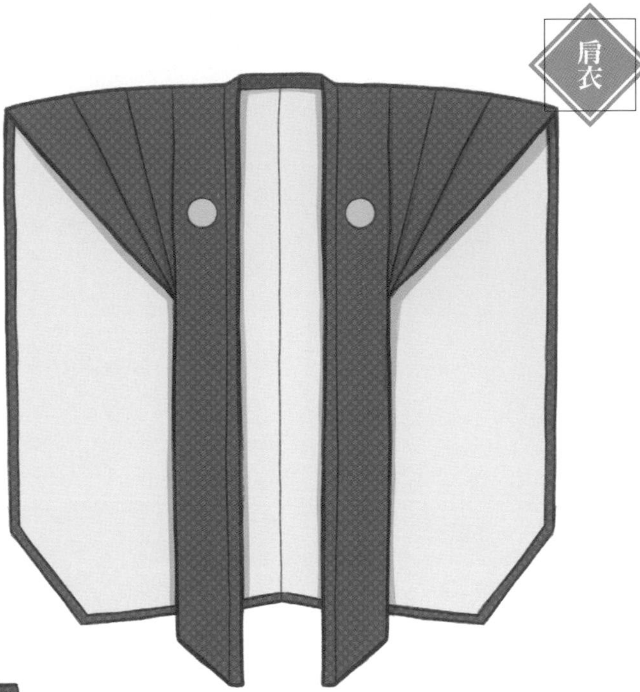

家紋位於胸口兩側、背部與袴的腰板，總共有四處。原本上下都是相同的顏色與圖案，有點像是現代套裝的概念，後來衍生出「繼上下（裃）」這種上下顏色與圖案不同的樣式，通常也作為便服穿著（到了江戶後期也成為上朝的禮服）。

腰板背面

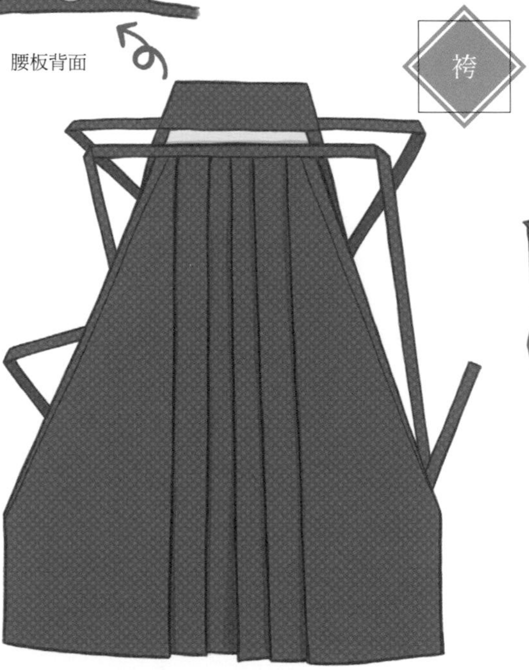

是披在長著的服裝，會將衿的部分塞進腰帶，再於外層穿袴。

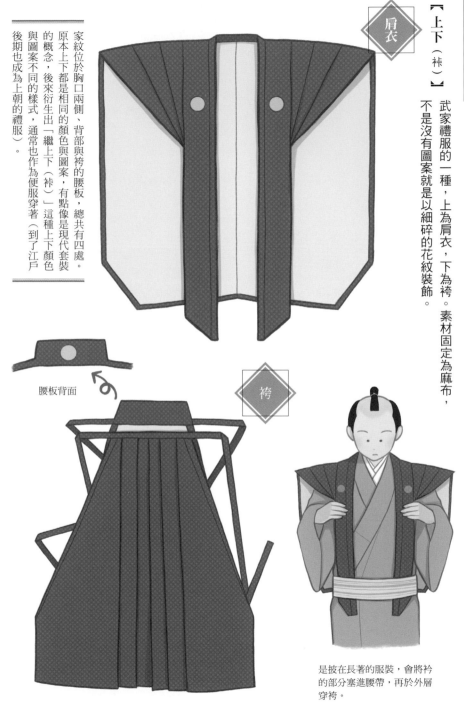

【熨斗目】

穿在武士禮服的「長上下」裡面的小袖。腰部有條紋或格子的圖案。

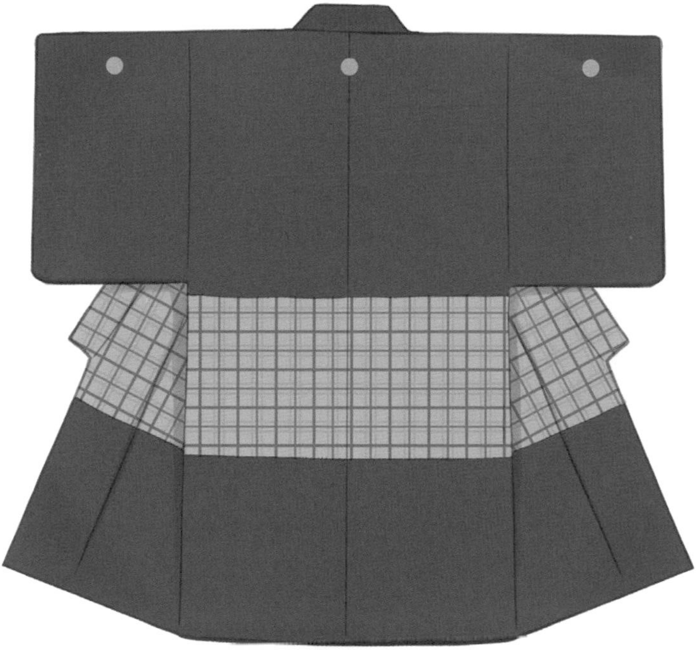

所謂的熨斗目是指練緯（以生絲為直線，練系為橫線，以平織手法織成的絹織品），到了江戶時代之後，穿在「上下」裡面的小袖也使用這種材質製作，慢慢地，武士於腰間露出的小袖也稱為熨斗目。熨斗目是只在腰部出現的格紋、段紋、條紋與絣紋的圖案，而這種從正式服裝縫隙隱約露出的流行元素，怎麼能教人不愛呢。

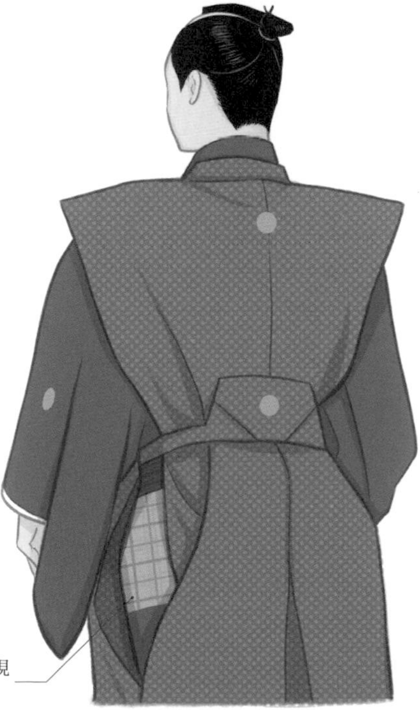
從袴的縫隙若隱若現的圖紋太迷人了！

【大銀杏】

江戶後期最能代表武士的髷。與町人不同的是，這種髮型沒有「髱」，顯得俐落許多。

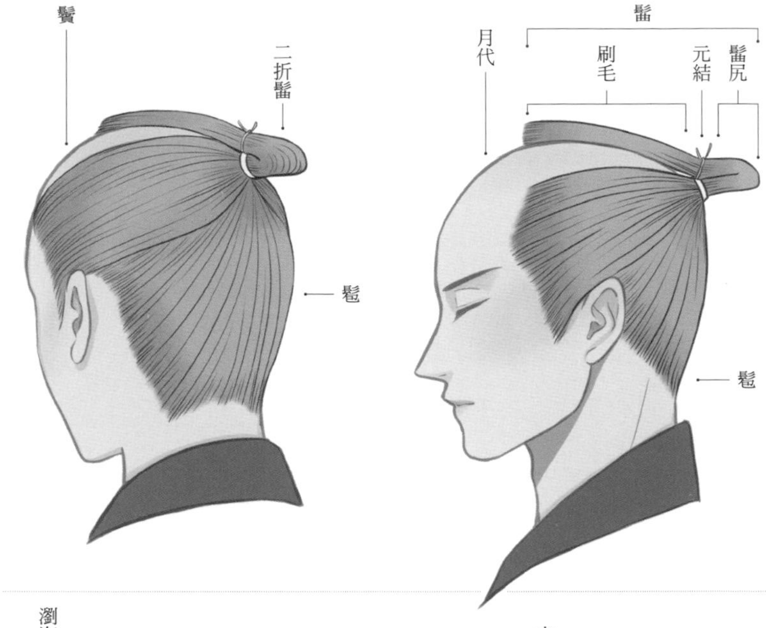

【若眾髷】

元服之前的髮型。先中剃（將頭頂剃成地中海），再將瀏海綁成髷。

髮髻

在綁成髷之前，垂髮的模樣也很性感。歌舞伎也很常看到這種髮型，但我覺得這正是月代頭魅力所在之處。

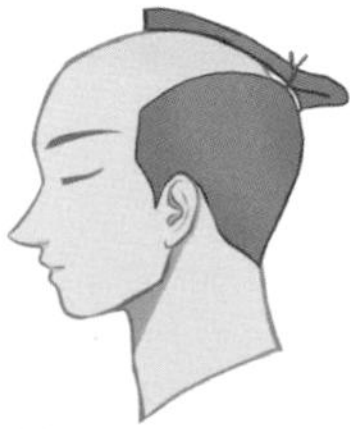
對折後以元結固定

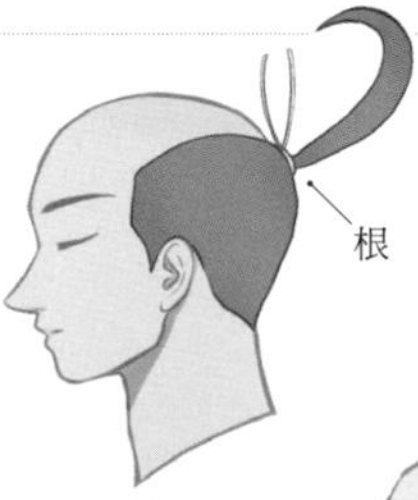

先於後腦杓束髮

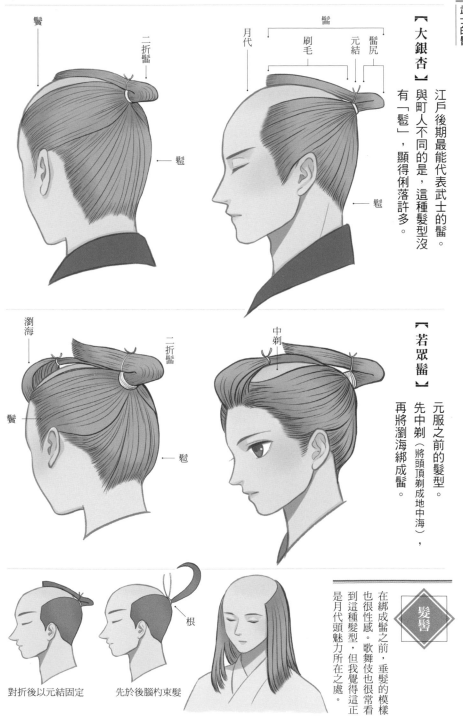

【稚兒髷】

小女孩的髷。先將頭髮梳成2個圈，再以較長的頭髮綁住這2個圈的髮梢與髮根。

【大垂髮】

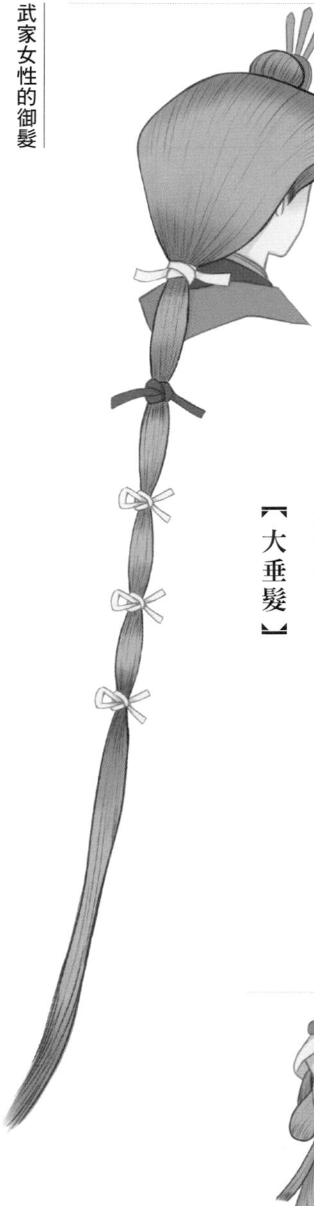

公家或將軍正室的御台所於儀式舉辦之際綁的髮型

【片外】

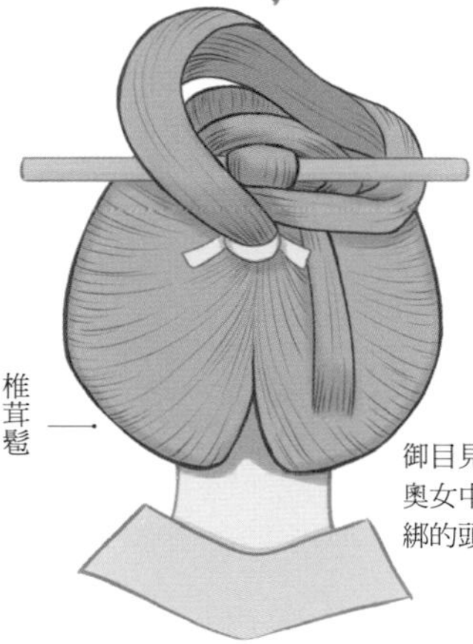

椎茸髱（狀似椎茸，故以此得名。）

御目見以上的奧女中在平日綁的頭髮

【揚帽子】

於外出之際，避免頭髮沾染灰塵的頭巾。會以針固定在瀏海與髷。

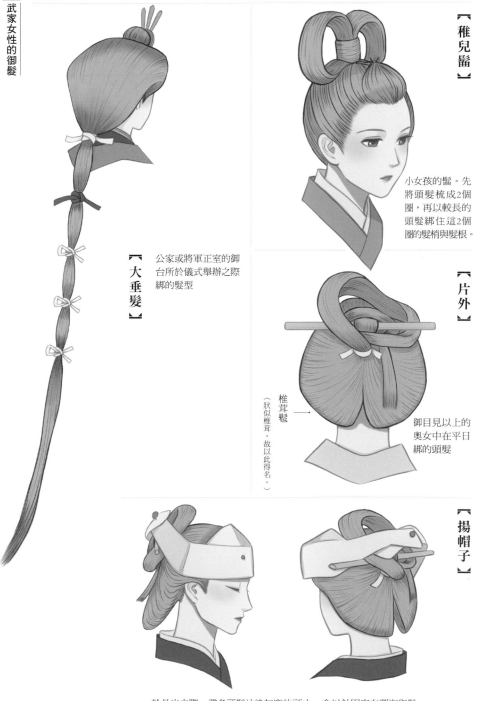

【掛帶】

上級奧女中綁在小袖的細腰帶。天氣冷的時候，可將手伸進去保暖。

【提帶】

高階奧女中的夏季禮服「腰卷姿」的腰帶

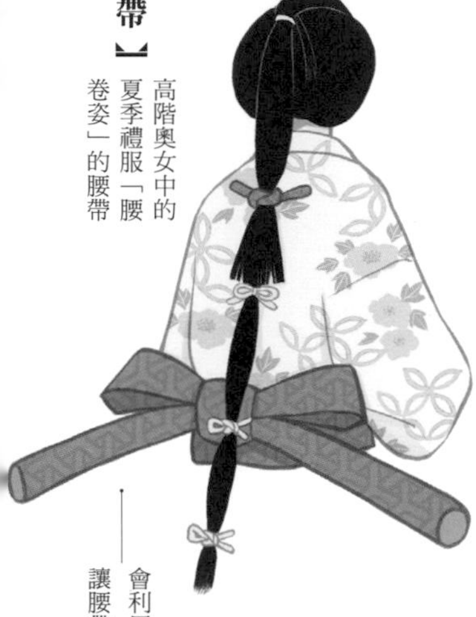

會利用厚紙補強結構，讓腰帶綁得更挺。

【矢字結】

上級奧女中綁腰帶的方法
（▶101頁）

腰卷為打掛的變化型，通常繡有細緻且寓意吉祥的圖案。

女性隨身攜帶的囊物通常兼具實用性與流行性，圖案通常也很可愛，完全不會輸給衣服上面的圖案。

鏡鎖
鏡子
懷紙
懷中鏡
收納包
會放鼻紙（擦鼻水的紙）、藥
懷中鏡或收納包都會用懷紙包起來，再塞進腰帶隨身攜帶。

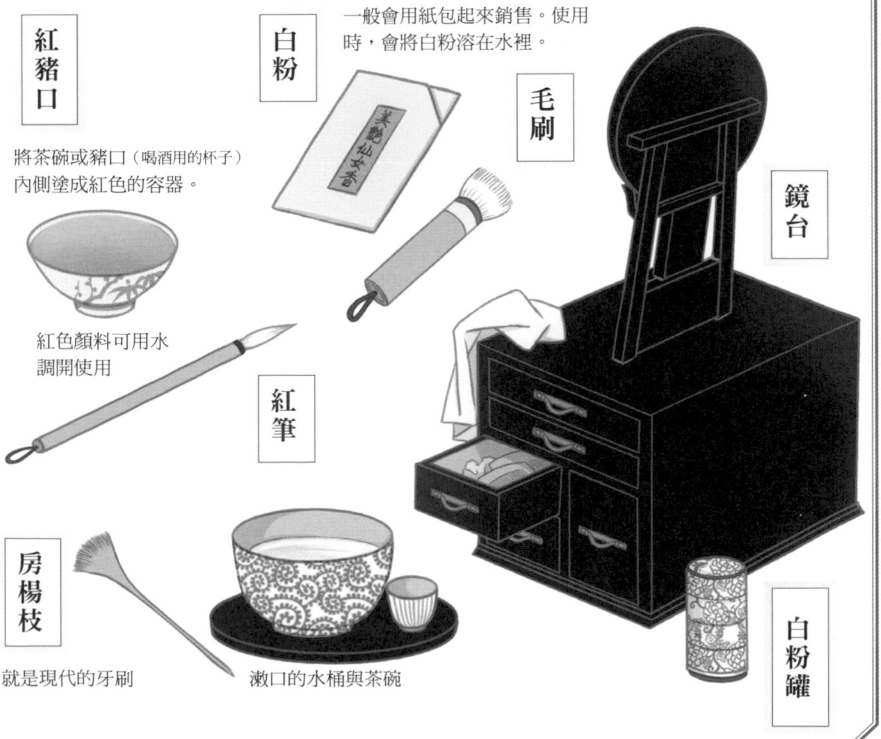
紅豬口
將茶碗或豬口（喝酒用的杯子）內側塗成紅色的容器。
紅色顏料可用水調開使用
白粉
一般會用紙包起來銷售。使用時，會將白粉溶在水裡。
美艷仙女香
毛刷
鏡台
紅筆
房楊枝
就是現代的牙刷
漱口的水桶與茶碗
白粉罐

增添各種美麗的髮飾。

自「髷」這種髮型開始流行江戶時代之後，這些髮飾就是女性的生活必需品。

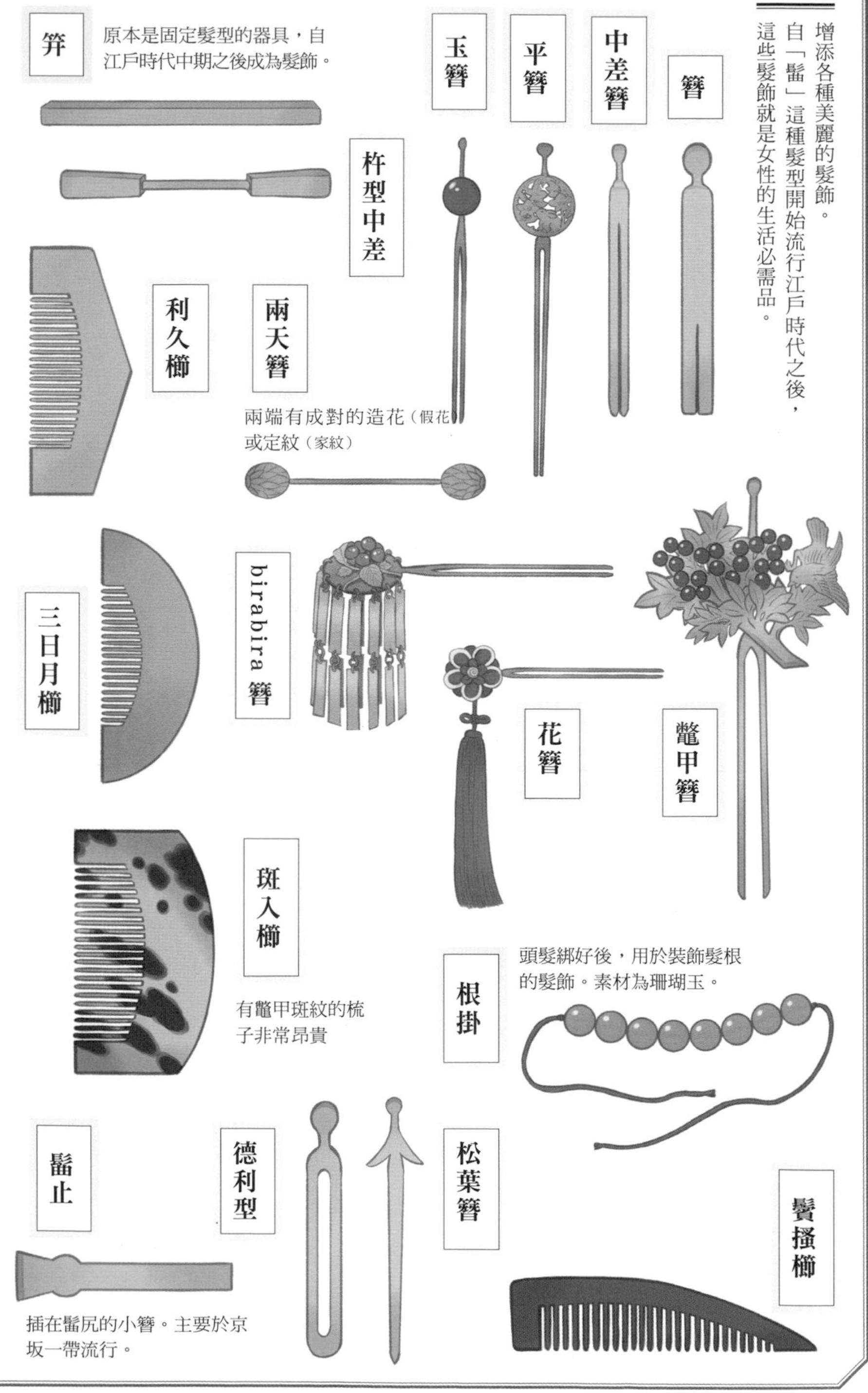
笄
原本是固定髮型的器具，自江戶時代中期之後成為髮飾。
杵型中差
玉簪
平簪
中差簪
簪
利久櫛
兩天簪
兩端有成對的造花（假花或定紋（家紋）
三日月櫛
birabira 簪
花簪
鼈甲簪
斑入櫛
有鼈甲斑紋的梳子非常昂貴
根掛
頭髮綁好後，用於裝飾髮根的髮飾。素材為珊瑚玉。
髷止
插在髷尻的小簪。主要於京坂一帶流行。
德利型
松葉簪
鬢掻櫛

第三章

隨藝而生的人

役者

江戶時代中期

二代目瀨川菊之丞雖是江戶人，卻得以扮演女性角色，更是當時的流行教主。據說連閻羅王都垂涎她的美貌。俗稱「王子路考」。（▼第104、105頁）

櫻花與雲朵圖紋的腰帶
定紋為結綿
打掛是菊揚羽蝶的圖紋

改繪自石川豐信〈瀨川菊之丞〉

役者

江戸時代前期～中期

於江戸前期～中期活躍的初代嵐喜世三郎。

舞台道具之一的刀，所以非常長。
刀鍔是釘拔繫的形狀
野郎帽子（▼第106頁）
擅長演出八百屋阿七的角色，服飾上的圖紋為「圓圈與封緘的信」，後世演出阿七時，一定會穿上有這個圖紋的服飾。
衣服上的圖案是長煙管與巾著造型的菸草袋，讓這件小袖顯得十分摩登。

❖改繪自奧村政信〈初代嵐喜世三郎〉

役者

江戶時代前期

元祿年間（一六八八～一七〇四）最具代表性的女性角色「水木辰之助」。

鷗髱（▼第9、30頁）的若眾髷（▼第34頁）
遮住月代頭的紫縮緬頭巾被稱為「野郎帽子」（▼第106頁）
詠詩所需的短冊
劍車與波浪圖紋的振袖

役者

江戸時代前期

佐野川市松自寬保元年（一七四一）從京都移駕江戶，博得大眾歡迎。最為有名的事蹟就是讓市松圖紋普及。

透過南蠻貿易進入日本的合羽，最早是上級武士為了彰顯自身權威的穿著，到了中期後，設計變得更加花俏，時尚性因此凌駕於實用性。

鶺鴒髱（▼第30頁）的若眾髷（▼第34頁）
上衣為長合羽（▼第98頁）
石疊圖紋。後來被稱為市松圖紋。
定紋為圓圈同字
蛇目紙傘（▼第141頁）

 ❖改繪自石川豐信〈提灯と傘を持つ佐野川市松〉

役者

江戸時代中期

女性角色的役者。源自元文二年（一七三七）於中村座劇場首次公演的《阿仙物狂》。

島田髷搭配鷗髱（▼第9、30頁）
鉢巻
上半身打赤膊
將中啓（反折扇）插在腰帶裡
拿著*御幣付的竹葉跳舞
鐵線蓮圖紋的振袖

改繪自宮川長春〈女舞図〉

*獻給神明的短冊。古代使用的是麻布，後來改用紙張。

役者

江戶時代後期

在女性角色中，二代目小佐川常世受歡迎的程度僅次於四代目岩井半四郎與三代目瀨川菊之丞。以東洲齋寫樂描繪的役者繪最為有名。

紫帽子（▼第106頁）
燈籠鬢（▼第31頁）
肩衣+袴
於顏見世（新人初次亮相的演出）與襲名這類重要活動穿著的禮服
二代目小佐川常世的定紋為圓圈三蔦葉，所以採用三盛蔦的圖紋。
袴

❖改繪自鳥居清長〈小佐川常世と男衆〉

藝人

江戶時代後期

模仿三河萬歲這個二人組門付藝人（上門表演的街頭藝人）的角色扮演。猶如白拍子（表演歌舞的藝人）的男扮女裝很有魅力。圖中是負責打鼓的才藏（在三河萬歲這個組合之中，另有一位負責跳舞的太夫。）

侍烏帽子（▼第63頁）
島田髷（▼第30頁）
鼓
有狩衣元素的上衣
衣擺為櫻花圖紋的振袖

改繪自歌川豐春〈女万歳図〉

色子

江戶時代後期

文化、文政年間（一八〇四～一八三〇）的色子。
色子是歌舞伎的年輕演員，負責賣弄男性魅力。到了江戶時代後期之後，這種賣弄男性魅力的角色越來越不受歡迎，後因天保改革幾近消失。

當時的若眾髷（▼第34頁）都比較粗
扇子
黑羽織
菊花
條紋小袖

❖改繪自溪齋英泉〈今容美人姿 色子〉

役者

江戸時代後期

美男中的美男三代目尾上菊五郎的穿著。

這件長合羽（▼第98頁）有清朝官服的龍袍圖紋（龍、雲、波浪、島的組合）
菊五郎格子（▼第102頁）的小袖
梅花與松葉圖紋的中著（▼第6頁）

順帶一提，據說三代目特別喜歡園藝，甚至在自家打造了植物園。喜歡園藝的美男真的超萌的。

改繪自歌川國貞〈寺嶋松隱居 梅幸別荘雪の景〉

藝者

江戶時代後期

女伊達（模仿男伊達的女性或女俠）的容姿。是吉原俄（在吉原遊廓舉辦的即興表演）穿著的衣裳。

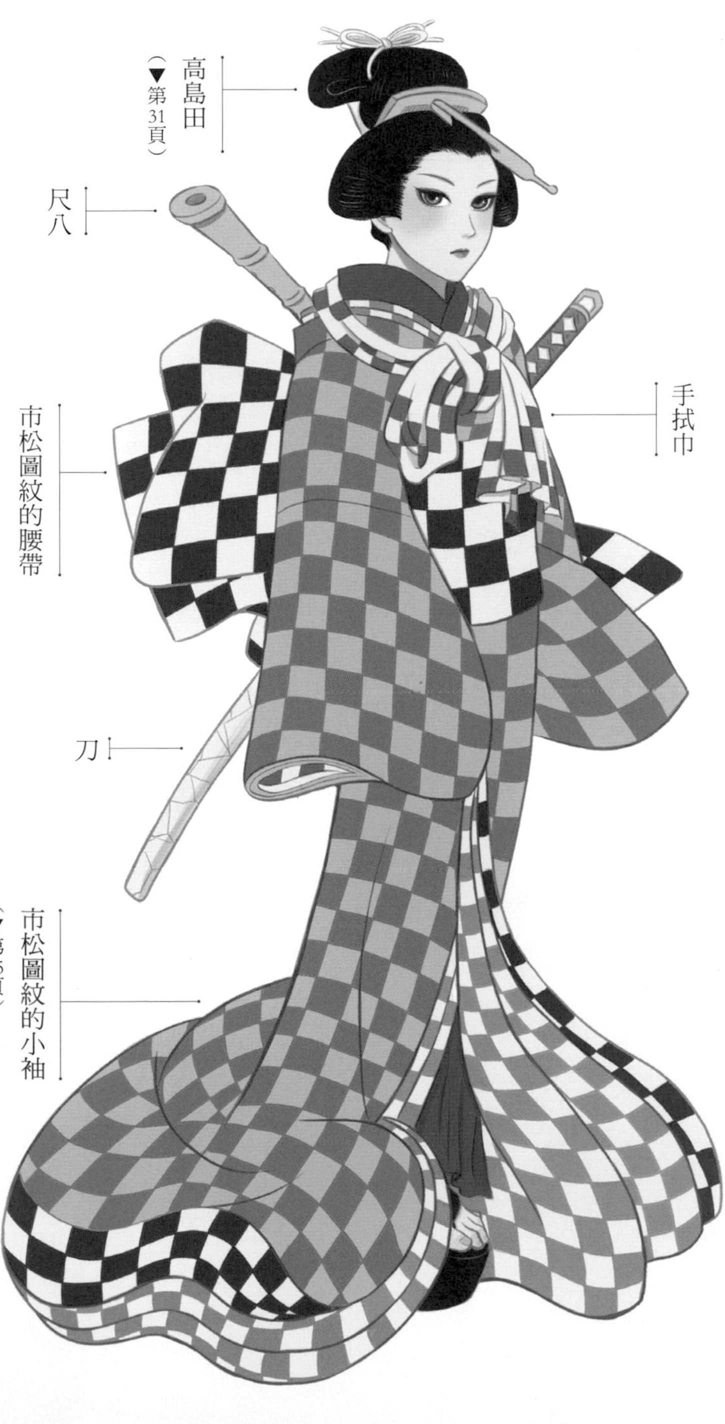

高島田（▼第31頁）
尺八
市松圖紋的腰帶
手拭巾
刀
市松圖紋的小袖（▼第75頁）

❖改繪自歌川豐清〈新吉原仁和歌 女作浪花湊 つるや のふ〉

役者

江戶時代後期

三代目尾上菊五郎。天氣冷的時候，江戶男子也會穿得跟包肉粽一樣。

剃成月代頭（▼第66頁）會很冷，所以要披上頭巾禦寒。
蛇目紙傘（▼第141頁）
格紋長合羽（▼第98頁）
小袖的衣襬
股引
可避免腳趾沾染泥土的褄皮木屐（▼第108頁）
足袋

改繪自勝川春扇〈江戶八景の内 隅田川の暮雪〉

藝者

江戶時代後期

冬日，全身被暖和大衣包裹著的美女，臉上神情好像在等著誰。

扁島田（▼第31頁）
江戶時代的大衣稱為「被布」（▼第99頁）。被布是合羽的一種，女用被布的特徵是反折的丸襟（圓領）與及腰的長度。丸襟不是以扭扣固定，而是以流蘇裝飾的繩結固定。
衣擺的圖紋是在水面游泳的烏龜
沒穿襪子，直接穿木屐。
別珍（綿質天鵝絨）的木屐帶

❖改繪自歌川國貞〈星の霜当世風俗〉

役者

江戸時代後期

五代目松本幸四郎的冬季裝扮。

將手拭巾當成頭巾，保護臉頰與頭部。
襟卷
蛇目紙傘（▼第141頁）
長合羽（▼第98頁）
小袖與合羽的背面是相同的碎花圖紋。小圓圈整齊排列的角通風行儀霰。
為了避免腳與小袖的衣擺被雪沾濕，木屐的齒又高又薄。
隱約露出高麗屋格紋（▼第103頁）的中著（▼第6頁）

改繪自歌川國貞〈役者雪月花 雪〉

役者

江戶時代後期

扮演枕獅子的女性角色。枕獅子是以能劇《石橋》為雛型的歌舞伎舞蹈。

獅子頭
雲立涌搭配牡丹圖紋的中著（▼第6頁）。獅子與牡丹是石橋的象徵符號。
綁緊袖口的帶狀流蘇裝飾
黑色上衣有著以龜甲與鶴組成的「鶴龜」吉祥圖紋

❖改繪自勝川春英〈おしゑ形 枕獅子〉

藝者

江戶時代後期

下雪日的防寒裝扮。光腳隱含著藝者特有的骨氣。

島田崩（▼第31頁）
流蘇
被布（▼第99頁）的圖案為流水與八重櫻
蛇目紙傘（▼第141頁）
衣擺的圖紋為銀杏葉與松葉
下雪也不穿襪子。毛茸茸的木屐帶稍微有保暖功能。

改繪自溪齋英泉〈江戶砂子逢身八契〉

藝者

江戶時代後期

於盛夏舉辦的宴會演奏三味線的模樣真是氣質高雅。

天神髷（▼第31頁）
為了通風，袖口的縫線網目要粗一點，這樣也符合夏季的流行重點。流蘇的部分也很可愛。
雲朵與鐵線蓮圖紋的腰帶
單衣的小袖

❖改繪自溪齋英泉〈当世五番島 東都佃島〉

役者

江戸時代後期

指的是五代目海老藏的七代目市川團十郎。（長男繼承八代目，所以也繼承海老藏之名。）

手拭巾
團七為《夏祭浪花鑑》的登場人物。團七原本是魚販，後來成為俠客，所以穿著佈滿魚類圖案的江戶*中形浴衣。
若隱若現的紅色兜襠布

*中形就是現代使用長板染製木棉的意思（中形的原意是「比小紋還大的型染」）。染料為天然藍。依照圖紋製作模型後，從兩面抹上漿糊，再以藍色染料染色，所以是製作過程非常費時的商品。

改繪自歌川國芳〈団七 市川海老藏〉

役者

江戸時代後期

扮演化政年間的超級巨星「目千兩」的五代目岩井半四郎的便服。

扮演女性角色的男性即使下了舞台也是女性裝扮。對江戶人來說，役者就是引領流行的人，所以即使是便服也馬虎不得。

髷有三個圈
紫帽子（▼第106頁）
六個丁子的*替紋
羽織（▼第99頁）
唐花入七寶與葉子的圖紋

❖改繪自歌川國貞〈木場雪〉

＊代替家紋（定紋）的圖案

藝伎

江戶時代後期

雍容華麗的上方（大坂）藝伎。

輕輕插在髷端的是「髷止」（▼第70頁）。一如《守貞漫稿》所述，這種髷止是「於江戶無用之物」，只在上方（京都或大坂）使用。

撐起腰帶的組紐

腰帶的圖案是在圓圈周圍附加長杓的水車，而這種水車又稱為「柄杓車」、「槌車」。

改繪自歌川國貞〈大坂道頓堀太左衛門橋より西を眺むの図〉

役者

江戸時代後期

自文化、文政年間到幕末的大明星「七代目市川團十郎」。是多才多藝的萬能型演員。以「歌舞伎十八番」打出名號的就是這位演員。

手拭巾
煙管（▼第38頁）
以三升紋為裝飾的菸草袋。拿著根付這個部位（▼第38頁）。

現代人也很熟悉的「鎌○ぬ」圖紋（▼第102頁）在江戸前期本是足以突顯江戸人氣概的町奴（型男）服飾，之後又因七代目將這類服飾當成魚屋團七的浴衣使用，再次於江戸掀起流行。

❖改繪自歌川豐國〈曽我祭侠競 七代目市川団十郎の魚屋団七〉

役者

江戸時代後期

於文化、文政年間廣受歡迎的女性角色五代目瀨川菊之丞。年紀輕輕就成為立女形（歌舞伎之中，最高階的女性角色），卻英年早逝，於三十歲時過世。

天神髷。
在類似銀杏返的髮型左右綁出兩圈，再於根部插入髮簪的髷（▼第31頁）。
菊簪
野郎帽子
（▼第107頁）
煙管
蝶紋
圖紋為蝶與菊的腰帶
菊紋振袖

蝶與菊的組合讓當時憧憬菊之丞的女子紛紛效仿。

改繪自歌川國貞〈桜下の三代目尾上菊五郎〉

役者

江戸時代後期

於文化、文政年間，代表上方歌舞伎界的王牌明星三代目中村歌右衛門。於文化五年（一八〇八）在江戶的中村座登台演出後造成轟動，成為所謂的千兩役者（一年可賺得千兩的演員，意指此演員極受歡迎）。是能兼任敵役（敵人角色）、立役（成年男子的角色）、女方（女性角色）的役者。

金魚本多。本多髷的一種（▼第33頁）。
手拭巾
定紋為祇園守
麻葉圖紋的腰帶
飄著細雪的黑底小袖

❖改繪自歌川豐國〈三代目中村歌右衛門〉

役者

江戸時代後期

八代目市川團十郎雖憑其美貌與柔美氣質贏得各界青睞，卻在三十二歲的巔峰時期自殺，留給世人難解之謎。其人生可謂是波瀾壯闊。

手拭巾
懸守鎖鏈。像斜肩包般掛在身上（▼第39頁）。
菸草袋（▼第38頁）的圖紋「三條紋」源自市川宗家的三升紋
藍絞染的浴衣

改繪自歌川國貞〈四季花くらべの内 秋〉 ❖

役者

江戶時代後期

於弘化四年（一八四七）上演的五十三次物之狂言《尾上梅壽一代噺》之中，由五代目澤村宗十郎扮演的白柄十右衛門

手拭巾
襦袢的圖紋也是髑髏
印有髑髏蜘蛛等妖怪的小袖

 ❖歌川国芳〈五代目沢村宗十郎の白柄十右衛門〉

藝者

江戶時代後期

女性冬季保暖服飾。

御高祖頭巾（▼第16頁）
手拭巾
藍色條紋搭配山茶花的腰帶
橘之家紋
櫻花圖紋的中著（▼第6頁）
衣擺有圖紋的紋付
不穿襪子是粋筋的個人情懷

改繪自溪齋英泉〈浮世姿 梅屋敷〉

藝者

江戶時代後期

全身包覆著大衣的模樣。將御高祖頭巾末端塞入衣襟內，以保暖脖子。

御高祖頭巾
手拭巾
被稱為道中著的雨合羽
將志古貴腰帶（▼第15頁）綁在腰部
紙傘

❖改繪自歌川國貞〈本朝風景美人競 大和吉野〉

合羽是室町時代後期～江戶時期的雨衣與保暖服飾，語源是經由南蠻貿易傳入日本的「Cape」。由於南蠻人的僧侶常穿合羽，所以這種披風狀的羽織便被稱為坊主合羽。

漸漸地為了能在和服外面穿，合羽加了袖子，成為兼具時尚與實用的外衣，也廣受當時人們喜愛。

【坊主合羽】

沒有袖子，狀似外罩的合羽。

【長合羽】

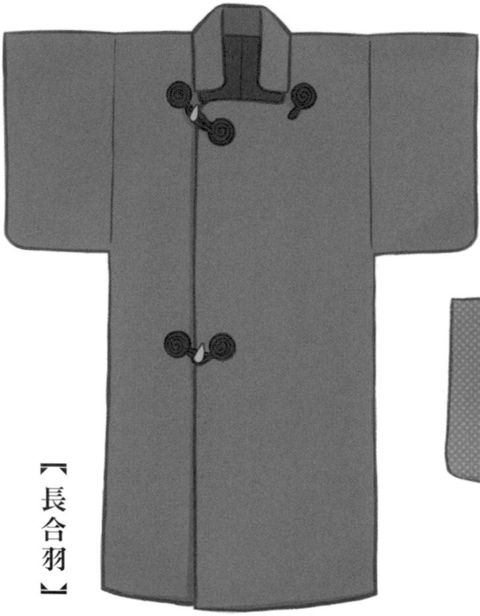

一開始是武家、醫者、僧侶的服飾，到了江戶時代中期之後，多了更多裝飾，也受到一般男性、若眾與役者喜愛，也從都市普及至農村，到了江戶時代後期也得到女性青睞。

【半合羽】

從無袖的披風狀合羽演變成有袖子的合羽。

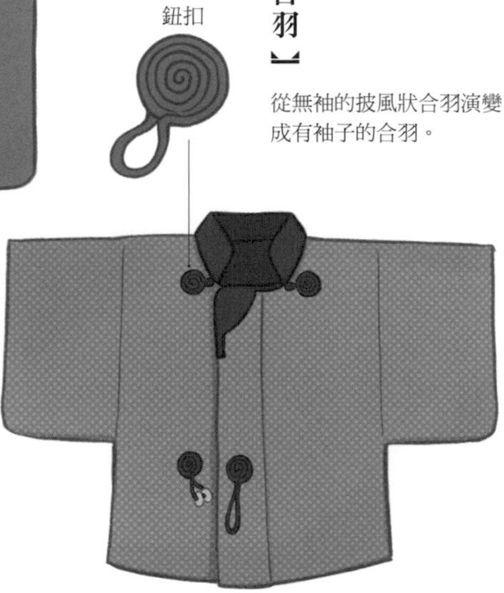

主要為庶民的服飾

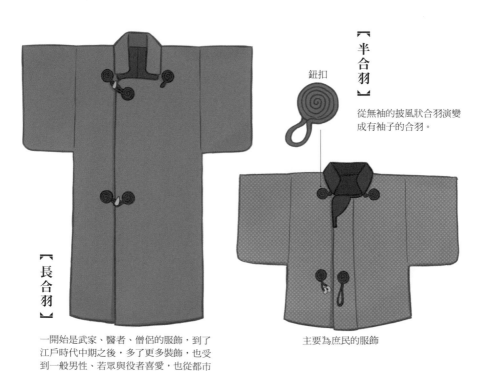

關於女物上衣

被布主要是女性的保暖衣物。四角形的衣領、圓襟、功能類似鈕扣的裝飾繩結是最大的特徵。被布通常不是以鈕扣固定，而是以有流蘇的繩結固定。

除了女性之外，江戶時代後期的俳人與茶人也常穿著被布。

羽織原本是男性服飾，但自元祿時期（一六八八～一七〇四）開始，女性也開始穿用。雖然幕府曾下令禁止，但在寶曆時期（一七五一～一七六四），深川的藝者們特別喜歡羽織，也因此造成流行。羽織的流行曾因寬政改革一時退燒，但是到了幕末之後，武家的婦人也開始穿用，慢慢地成為平民的服飾。

【女物羽織】

❖改繪自二代歌川廣重、歌川國貞〈江戶自慢三十六興 目黒不動餅花〉

【女物被布】

身丈的長度分成能蓋到衣擺的對丈與腰下2種。也有小女孩專用的被布，此時就會在肩膀的部分打褶。

在江戶初期～中期，男女都很少使用細腰帶，但隨著時代演進，腰帶變得又寬又長，也從歌舞伎役者衍生出更多元的綁法。

【文庫崩】

狀似小萬結，與現代的文庫結相近。

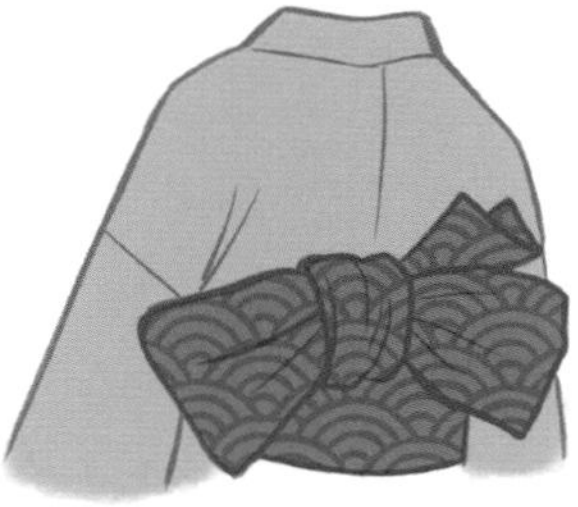

【小萬結】

源自歌舞伎登場人物「奴之小萬」，與現代的文庫結（浴衣腰帶的經典綁法）相近。

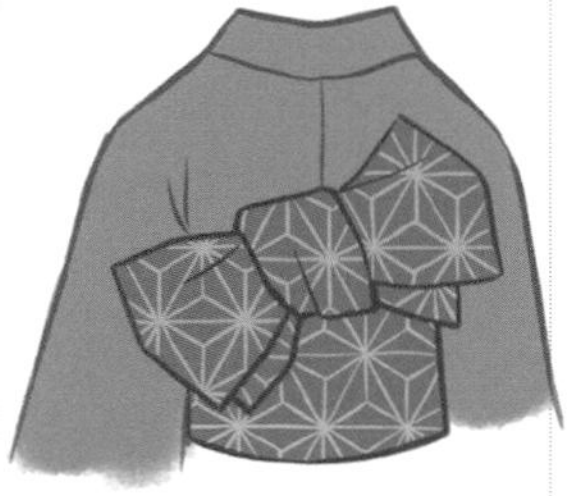

【名護屋帶】

將絹質組紐綁成蝴蝶結的形式。於安土桃山時代～江戶時代初期流行。

【水木結】

一般認為，這種腰帶結是於元祿時期，由女性角色演員「水木辰之助」開始的，是吉彌結的進化版。

【吉彌結】

元祿時期，上方的女性角色役者「上村吉彌」採用了這種綁法，造成流行。

【歌牌結】

於江戶時代前期流行。腰帶結的部分看起來像是3張歌牌並列，所以才命名為歌牌結。

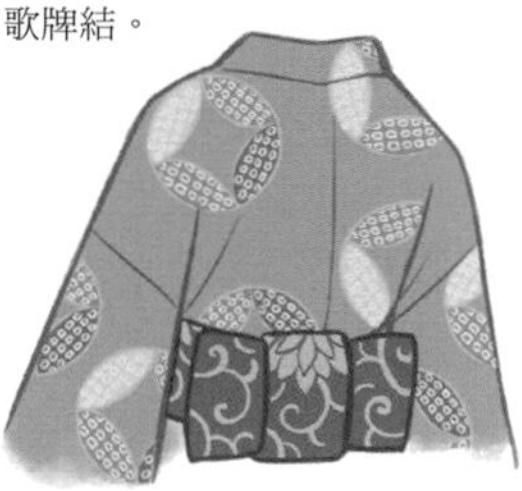

【路孝結】

知名女性角色演員二代目瀨川菊之丞在舞台採用之後，便造成大流行。

【平十郎結】

一般認為是上方的役者三代目村山平十郎發明的

【垂下結】

加長尾部，讓尾部向下垂的腰帶結。

【小龍結】
角出型的腰帶結

【千鳥結】
角出型的腰帶結

【文庫結】
與現代的文庫結形狀不同

【OISO結】
角出型的腰帶結

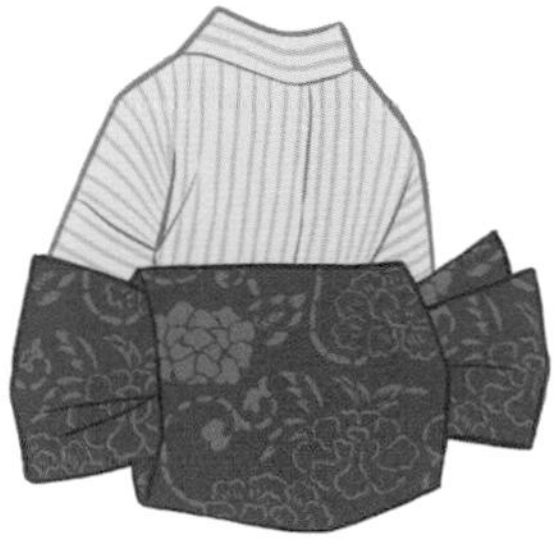

【矢字結】
據說是由知名女性角色二代目瀨川菊之丞所創，曾普及至上級奧女中。

【YOSHIO結】
與路考結一樣，都是角出型的腰帶結。

【新小結】
角出型的腰帶結

【一結】
在江戶也稱DARARI結

【豎結】
綁成垂直形狀的腰帶結。是年輕女孩的腰帶結。

菊五郎格子

由三代目尾上菊五郎創始。在4條與5條條紋組成的格子之中，交錯放入「キ」與「呂」的圖紋。「キ九五呂」的讀音與「菊五郎」相同。

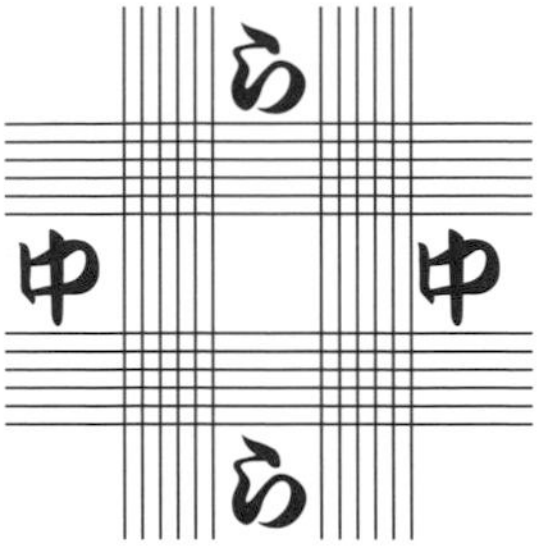

中村格子

是在6條直線與橫線之中配置「中」與「ら」的圖紋，據說與中村勘三郎淵源極深。「中六ら」的讀音與「中村」相同。

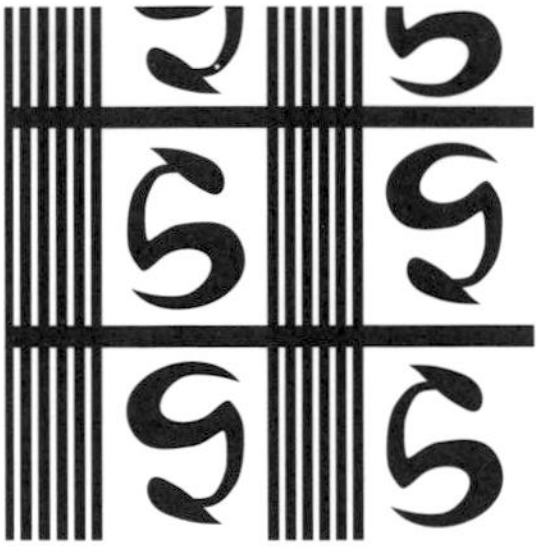

市村格子

由十二代目市村羽左衛門創始的圖紋。以1條橫線、6條直線組成格子，再於格子之中放入「ら」的圖紋。「一六ら」的讀音與「市村」相同。

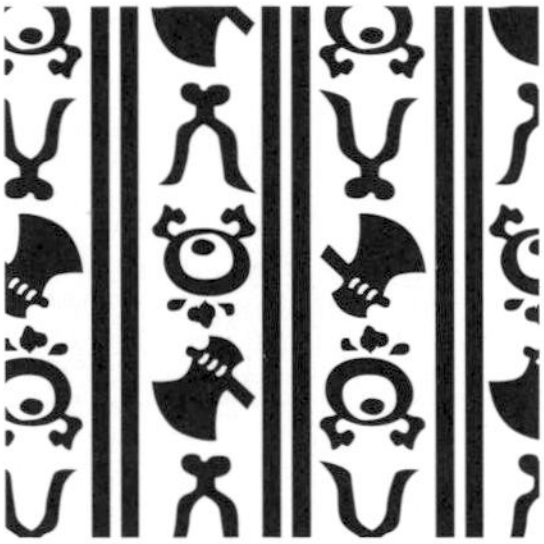

斧琴菊

由三代目尾上菊五郎創始。斧頭、琴、菊的讀音有「聽到好事」的寓意。琴柱為琴的圖示。

KAMAWANU

由「鎌」「○」「ぬ」這三個文字組成的圖紋，有「無妨、無礙」的寓意。是由七代目市川團十郎帶動的流行。

許多風雅的圖紋都源自歌舞伎，其中有些圖紋也為現代人所熟知。

❖改繪自豐原國周〈花菖蒲浴衣俠客揃〉

十三代目市村羽左衛門（五代目尾上菊五郎）

自文化、文政時期到天保年間活躍的役者五代目松本幸四郎。穿著高麗屋格紋的浴衣，手上拿著從庭院剪來的菖蒲。

❖改繪自歌川國貞〈俳優日時計未ノ刻〉

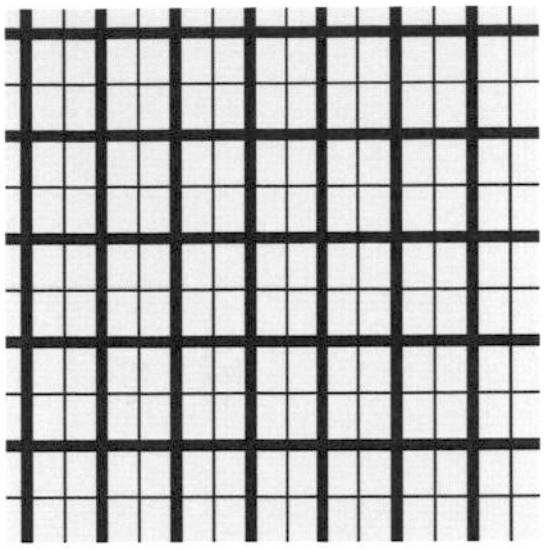

高麗屋格子

細線在粗格子裡縱橫的格紋，據說源自四代目松本幸四郎。自《鈴森》裡的幡隨院長兵衛的服飾採用之後，便獲得大眾青睞。

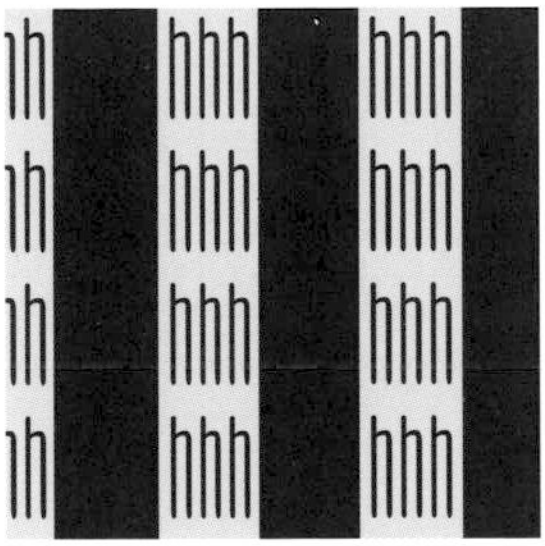

仲藏縞

人字排成3列的直條紋與粗條紋。初代中村仲藏於天明年間在毛剃久右衛門的戲服採用後便造成流行。

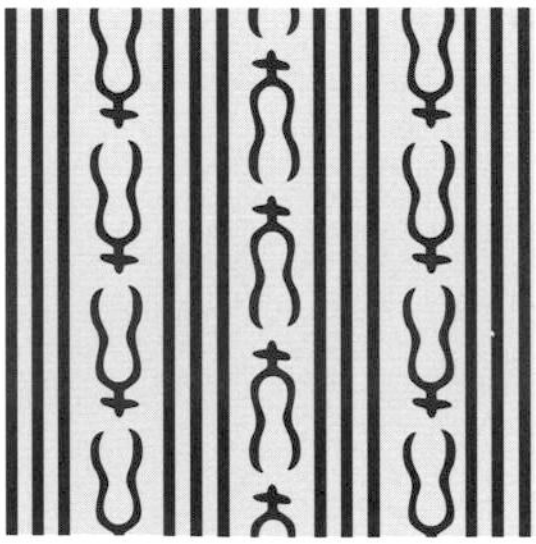

三大縞

源自三代目坂東三津五郎的「三大」家紋。是於3條條紋之間配置連續「大」字的條紋。

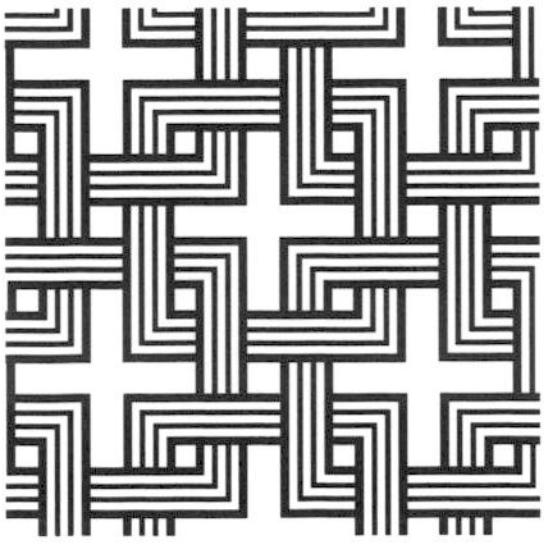

六彌太格子

嘉永年間，八代目團十郎扮演岡部六彌太時，在戲服使用了這個格紋而造成流行。也稱為三升繫文。

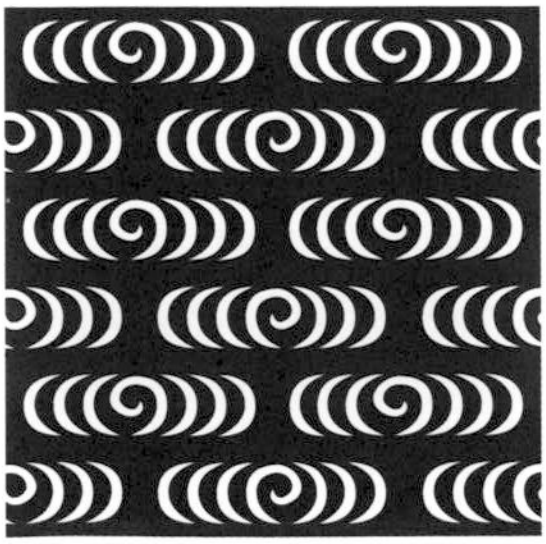

觀世水

以漩渦為設計的流水圖紋。四代目澤村宗十郎於源之助時代讓這個圖紋成為能樂觀世家的家紋。

顛覆江戶流行的時尚寵兒
【二代目　瀨川菊之丞】

寬保元年（一七四一）～安永二年（一七七三）

屋號：濱村屋
俗稱「王子路考*」
定紋「結綿」

五歲時，成為初代瀨川菊之丞的養子，踏上藝能之路。首位於江戶出生的女性角色役者（當時的役者幾乎都是來自京坂一帶）。由於來自武州王子一帶，所以又被稱為王子路考。在明和（一七六四～一七七二）時期，追求時尚的女子心中，他可說是不可或缺的存在，也對女性時尚造成深刻的影響，這股風潮甚至延續了七十年之久。以他命名的有路考茶、路考結、路考櫛、路考髷，他的定紋「結綿」甚至在年輕女孩之間造成流行。儘管他是男性，卻與「明和三美人」中的笠森阿仙與柳屋的阿藤齊名，也常成為錦繪之中的人物。由此可知，他的美貌迷倒了江戶的芸芸眾生。

＊「路考」為俳號

改繪自鳥居清廣〈瀨川菊之丞 はで娘〉❖

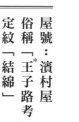

【路考髷、路考鬢的想像圖】

❖改繪自勝川春章、一筆齋文調〈絵本舞台扇〉

【路考櫛】

※想像圖

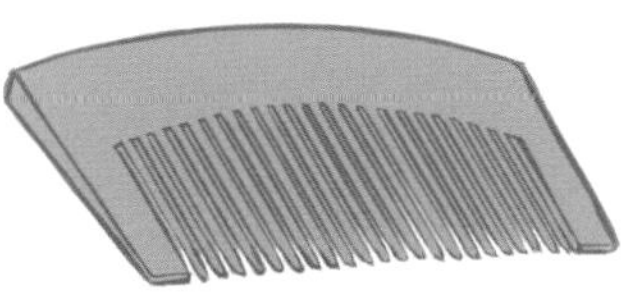

這是以「路考」這個俳號命名的櫛（梳子），但真實的源由不詳。

【路考結】

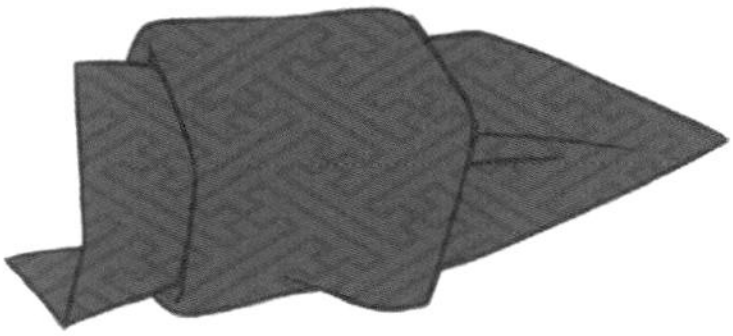

在舞台演出時使用的腰帶結，後來大受歡迎。

【路考茶】

為明和三年《八百屋阿七戀江戶染》的戲服顏色，後以俳號「路考」命名。

【路考娘】

當時像菊之丞那般美麗的女子被譽為「路考娘」

女形的野郎帽子

擔心若眾傷風敗俗的幕府在承應元年（一六五二）禁止若眾歌舞伎。討厭剪掉瀏海、露出月代頭的役者便發明了以手拭巾遮住額頭的「野郎帽子」。這種沒有瀏海也要追求美麗的美學，迷倒了當時的江戶百姓。

【江戶時代前期】

18世紀前半，也稱為水木帽子。

【江戶時代中期】

18世紀後半，布變得更加小片。

【江戶時代中期】

18世紀末期，額前的小布覆蓋至眉毛附近。

【江戶時代後期】

19世紀前半開始，習慣在瀏海插上一根帶有家紋的裝飾針，即便現在也能在女形的假髮中看到。

野郎帽子的顏色通常很鮮豔，其中包含紫色、淺蔥色、鬱金色以及其他顏色，其中尤以紫色為多，甚至讓人覺得野郎帽子就該是紫色的。

【野郎帽子】

17世紀中葉，若眾歌舞伎被禁止的時候，為了遮住前額而發明的頭巾。

【袖頭巾】

在筒狀的布開孔，看起來很像袖口，所以取名為袖頭巾。通人（學問淵博的人）很喜歡戴這種頭巾。

【宗十郎頭巾】

歌舞伎役者初代澤村宗十郎發明的頭巾。在筒狀的長角頭巾加上錣（包住脖子的部分）。

【鼻掛】

以*《切與三郎》的戲服聞名。不是美男不能如此打扮。

【鐵火】

源自鐵火氣質（俠義之道）的人

【吉原被】

將對折的手拭巾兩端綁在髷的後面。煙花柳巷的藝人常戴這種頭巾。

【米屋被】

源自米屋為了防塵而戴的頭巾

【頰被】

防曬、保暖、防塵的功能

【頰被】

頭披手拭巾將結打在下顎處

＊歌舞伎的戲目

吾妻木屐

源自吾妻這類遊女

芝翫木屐

齒間較長

源自三代目歌右衛門

芝翫木屐

源自初代中村歌右衛門

日和木屐

晴天穿，齒的部分較矮。

堂島

源自大坂堂島商人

後丸

櫛形

後齒

後角

足駄

高齒木屐，男性下雨、下雪時穿。

足駄

高齒木屐，女性下雨、下雪時穿。

褄皮木屐

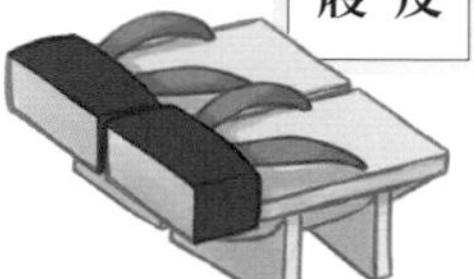

下雨或下雪的天氣穿

POKKURI

禿（小孩）或少女專用

吉原遊女專用

上漆的高齒木屐

半四郎下駄

源自五代目岩井半四郎

第四章

花街之人

遊女

江戸時代前期

優雅的上方遊女。

這是從「御所風髷」這種垂髮變化而來的髷。從上流社會普及至中產階級後，又傳至煙花柳巷（▼第30頁）。
鹿子絞的小袖
細腰帶
前期～中期的袖口較小
縫箔（▼第9頁）的打掛

改繪自〈立姿美人図〉

遊女

江戶時代前期

寬文時期（一六六一～一六七三）的上方遊女

在根部打結的垂髮（▼第30頁）
直到元祿時期，都會讓髱的部分膨起來。
常以鹿子絞製作圖紋
大膽豪邁的花朵圖紋是寬文小袖的特徵

❖改繪自〈舞妓図〉

遊女

江戸時代中期

熱愛佐野川市松的遊女。歌舞伎造成的影響可見一斑。

鼈甲斑紋的櫛與笄（▼第70頁）
在兵庫髷插笄（▼第136頁）
沒有鬢比較涼爽
在當時稱為「轉圈圈」的圖紋
燈籠
佐野川市松的定紋
市松圖紋（▼第75頁）

改繪自石川豐信〈行灯と団扇を持つ美人〉

遊女

江戶時代中期

氣質高雅的上方遊女。

只有櫛（梳子）當裝飾

鷗髱與島田髷（▼第9、30頁）

鹿子絞的紅色小袖

柳樹與鶴丸圖紋的藍底打掛。鶴丸圖紋看起來很像是*1蹴鞠。一如*2穗落傳說所述，鶴在日本是神鳥，也是吉祥物。

自古為日本人所愛的鶴其實曾有一段時間被禁止。五代將軍綱吉的女兒鶴姬出嫁之後，便禁止鶴字與鶴紋，看來在綱吉將軍的治世之下，以鶴為造型的事物都被視為禁忌。

＊1 柳與蹴鞠是成對的圖紋

＊2 鶴會在水田啄食落穗，所以被視為與豐收有關的吉祥物。

❖改繪自西川祐信〈立美人図〉

色子

江戶時代中期

明和時期的若眾。職業是色子（役者、男娼）。

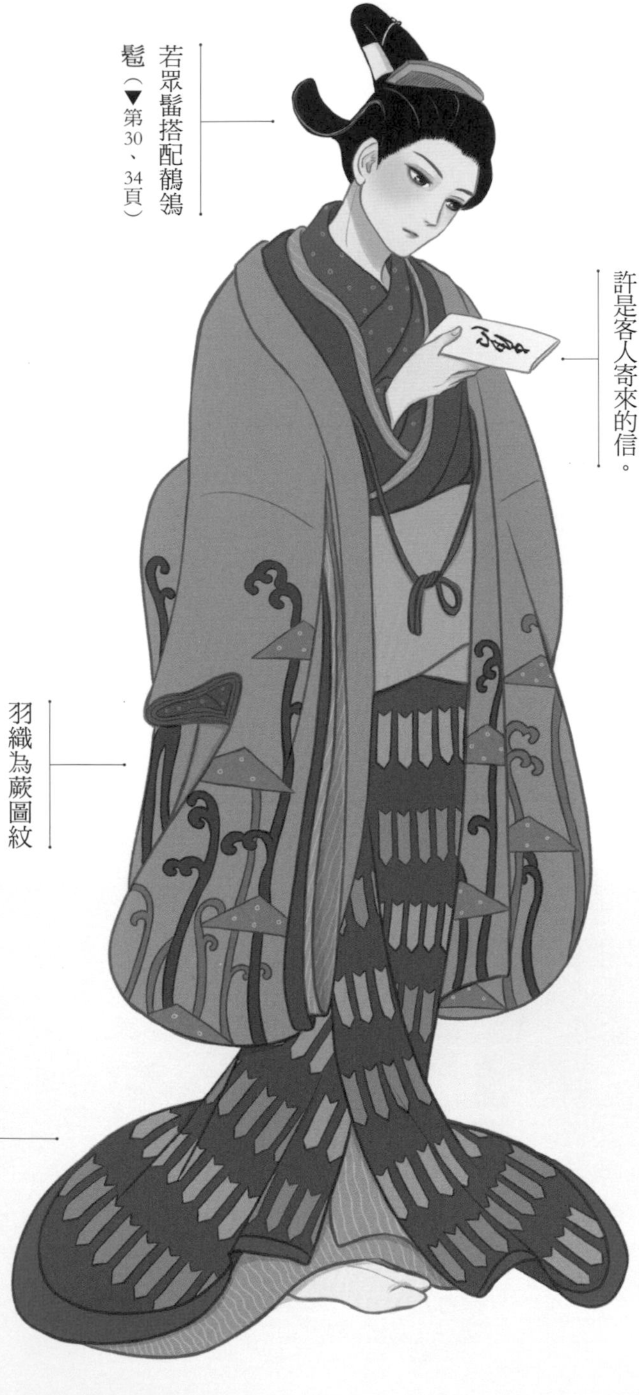

若眾髷搭配鶺鴒髱（▼第30、34頁）
視線所及之處，或許是客人寄來的信。
羽織為蕨圖紋
矢羽圖紋的振袖

改繪自鈴木春信〈見立山夕 西行法師〉

遊女

江戸時代後期

妸娜多姿的遊女。

紮成卷貝的貝髷
切前髮。讓剪短的瀏海自然下垂。
長襦袢是鹿子絞的麻葉圖紋
這是夏季裝扮，所以穿的是絽的小袖。通透的中著看起來很性感。
正在綁雲龍圖紋的腰帶

❖改繪自二代喜多川歌麿〈遊女立姿図〉

陰間

江戶時代後期

以陰間身分賣春的美少年。

貝髷
（▼第115頁）
在瀏海裝飾緞帶與蝴蝶花簪
肩上
（▼第18頁）
振袖以設計簡單的繩子綁牢
紅葉圖紋的振袖
遊女與藝者的不同之處在於是否穿著足袋

改繪自歌川國貞〈星や霜当世風俗 かげま〉

陰間

江戶時代後期

寬政時期的芳町的陰影。
陰間是男娼的統稱，源自賣色的歌舞伎年少役者。
進入江戶時代後期之後，陰間已是夕陽西下的產業。

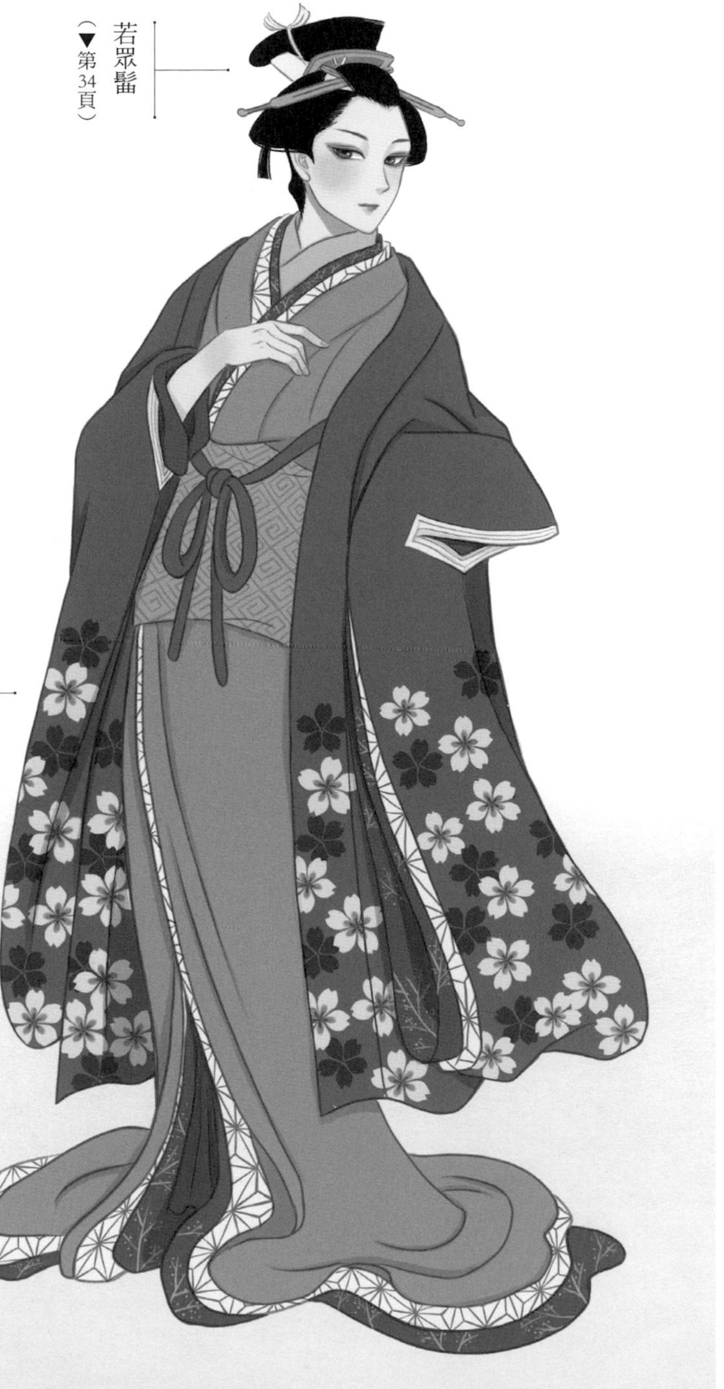
若眾髷（▼第34頁）
櫻花圖紋的振袖羽織

❖改繪自〈江戸風俗図巻〉

遊女

江戸時代後期

吉原的大見世松葉屋的遊女「市川」。

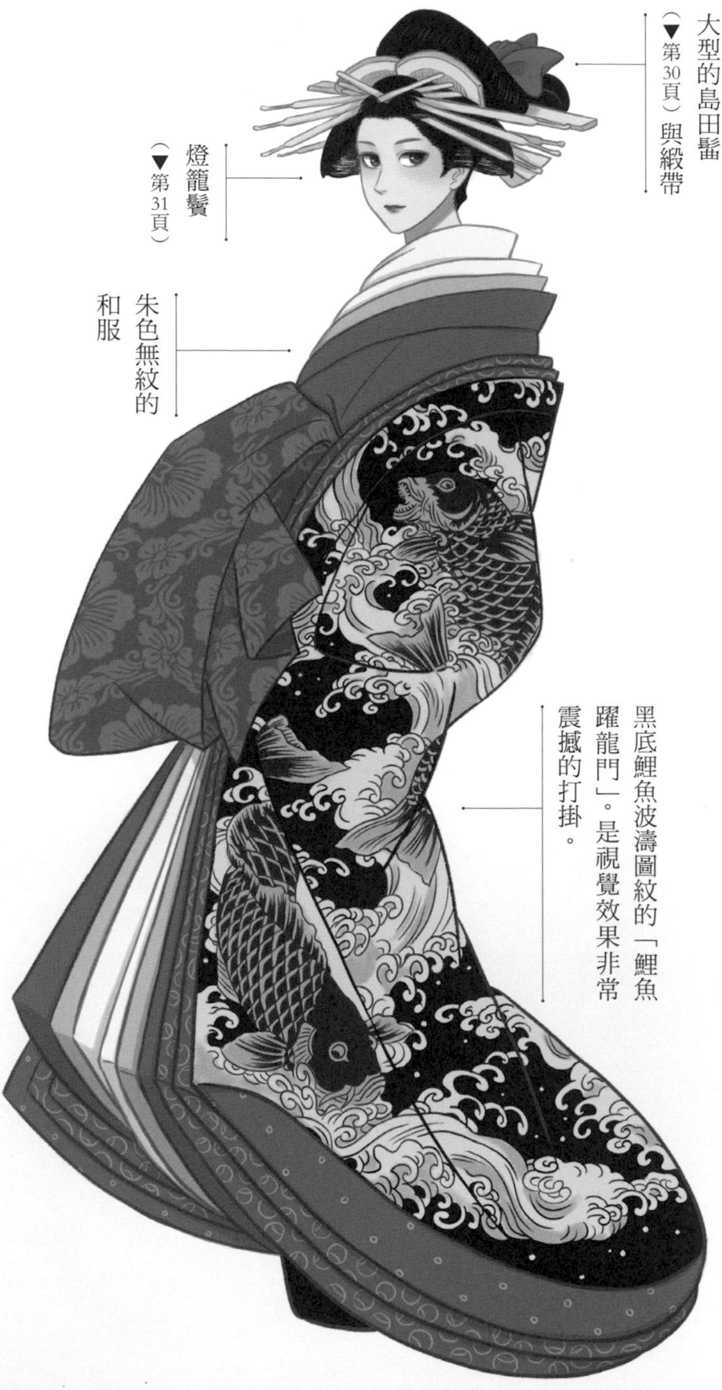

大型的島田髷（▼第30頁）與緞帶
燈籠鬢（▼第31頁）
朱色無紋的和服
黑底鯉魚波濤圖紋的「鯉魚躍龍門」。是視覺效果非常震撼的打掛。

改繪自喜多川歌磨〈江戸町壱丁目松葉屋内 市川〉❖

遊女

江戶時代後期

寬政時期的上方太夫（最高級的遊女）。
雍容華貴的上方打扮。

黑底菊花雪輪圖紋的打掛
飛雲鳳凰圖紋的腰帶
秋草圖紋的小袖

❖改繪自岡田玉山〈月下美人図〉

遊女

江戶時代中期

遊女正為客人披上羽織的時候。卯刻大約是早上五～七點，正是送過夜客出門的時刻。

勝山髷（▼第31頁）
燈籠鬢（▼第31頁）
這件羽織的內裡繪有鈴木鄰松的達磨圖。連平常看不到的圖紋都重視，不愧是遊歷煙花柳巷的人。
打掛的衣擺圖紋為菊花

改繪自喜多川歌磨〈青楼十二時 卯の刻〉❖

遊女

江戶時代後期

在總*籬大見世的扇屋的最高階遊女「梯立」。

伊達兵庫（▼第137頁）
以雲龍為裝飾的打掛，震撼力超強。
龍紋腰帶

❖改繪自菊川英山〈青楼六玉川のうち 山しろ　扇屋内 梯立〉

＊江戶新吉原中，最高等級的遊廓（遊女屋）。

遊女

江戶時代後期

吉原赤蔦屋的花魁高篠。

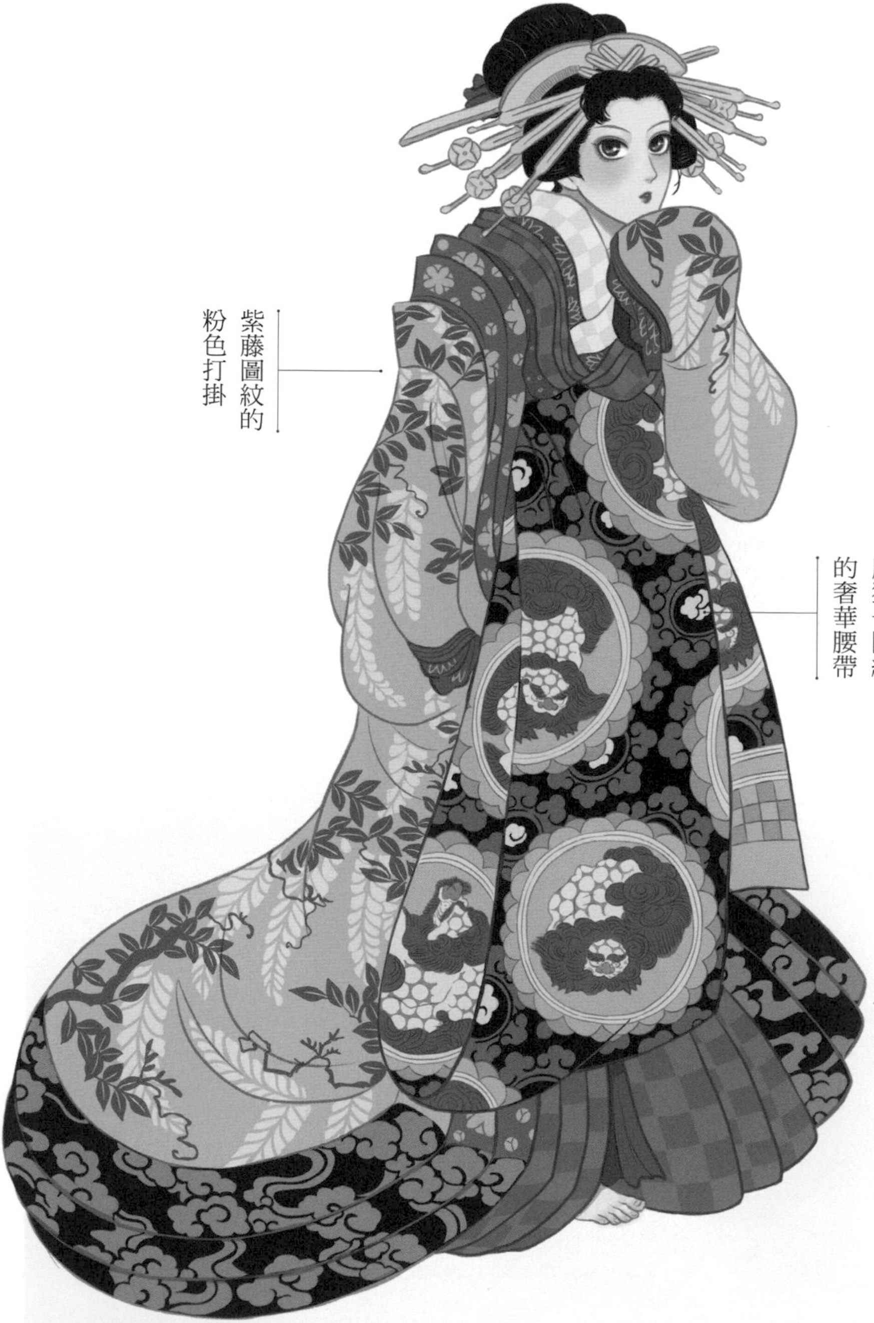
紫藤圖紋的粉色打掛
唐獅子圖紋的奢華腰帶
*袘的部分為雲朵圖紋

＊將和服衣擺的內裡翻到表面，以棉花墊厚的部分。

改繪自菊川英山〈新吉原仮宅 赤蔦屋内 高しの〉

夜鷹

江戶時代後期

她們雖是社會底層的人，卻常被畫成浮世繪。
夜鷹住在本所吉田町一帶，晚上會於淺草、兩國橋、永代橋一帶出沒。
由於是在晚上拉客，所以被稱為在晚上獵捕獵物的「夜鷹」。

披著白手拭巾
夜鷹以黑色為裝扮
沒有圖紋的腰帶
破破爛爛的紙傘

❖改繪自歌川豐國〈三美人 雪〉

遊女

江戶時代後期

這是穿著睡衣的狀態。從右手拿著懷紙的模樣來看，不知道是準備就寢還是準備起床。

鹿子紋的麻葉圖紋
*額仕立的中著（第6頁）
格紋搭配牽牛花（花朵、葉子、絲瓜）的圖紋

＊衣襟、袖口、衣擺的部分是以其他布料製作的小袖。

改繪自溪齋英泉〈おゐらんだかがみ日本堤景〉❖

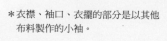

遊女

江戶時代後期

在江戶後期，「呼出」指的是最高階的遊女。以更紗製作小袖或中著的額仕立部分，增添異國風情。

伊達兵庫（▼第137頁）
鹿子絞的麻葉圖紋
懷紙
當時的曙染就是現代的漸層染
光琳風的梅立木圖紋
更紗

更紗是十七世紀初，透過南蠻貿易從印度、泰國、印尼輸入日本的木棉布。一開始只有茶人或武家這類富裕家庭穿著，但隨著時代演變，也普及至一般階層，異國風情的設計也讓江戶人傾心。

❖改繪自歌川國貞〈浮世名異女図会 東都新吉原呼出シ〉

遊女

江戸時代後期

若從現代來看，就是衣服上有卡通人物圖案的花魁。

在扁島田（▼第31頁）插笄，再以手絡裝飾。

額仕立（▼第124頁）的中著（▼第6頁）

從元祿時期開始為人熟知的大津繪是近江（滋賀縣）的名產品與伴手禮。圖紋為大津繪的衣擺給人一種活潑的印象。

黑底大津繪的打掛是非常大膽的設計

改繪自歌川國芳〈遊女図〉

遊女

江戸時代後期

吉原丸海老屋的花魁「玉川」。

「唐子」指的是身著中國服飾，頭頂中國髮型的童子圖案，自古以來就為日本人所喜愛。

圖中遊女的紋章為梅紋

繪有唐子的腰帶

打掛的衣擺圖紋是坐著的貓

中著（▼第6頁）圖紋為流水與光琳風紅葉

❖改繪自溪齋英泉〈契情道中双娽 なるみ 見立よしはら五十三つい 丸海老屋内 玉川〉

引込新造

江戸時代中期

吉原的引込新造阿高（おたか）。引込新造是指在競標初夜之前，不在客人面前亮相，一心學藝的遊女，也是一入行，就準備成為最高階遊女的新星。只有在小時候就被看好的女童才有機會得到這個稱號。

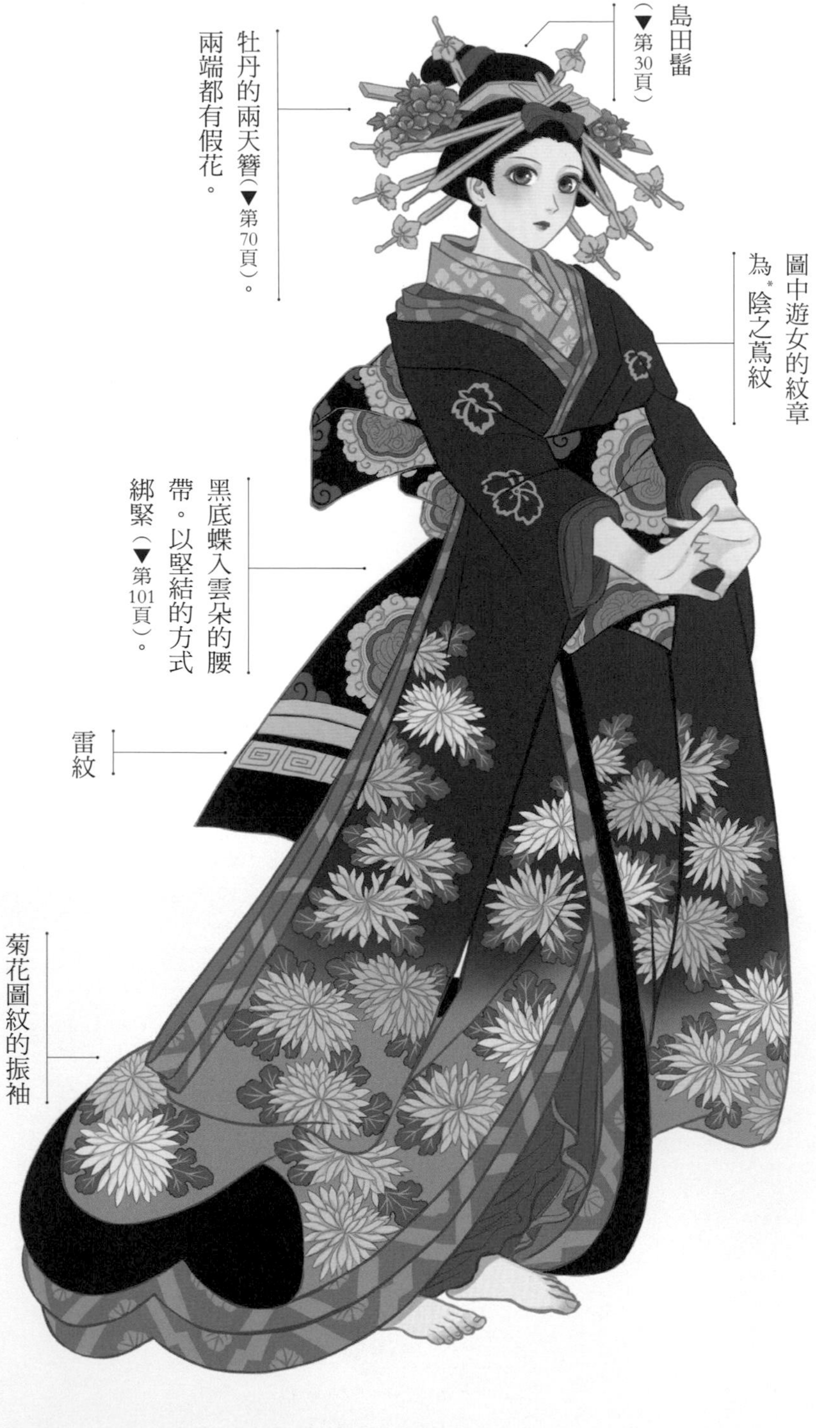
島田髷（▼第30頁）
牡丹的兩天簪（▼第70頁）。兩端都有假花。
圖中遊女的紋章為*陰之蔦紋
黑底蝶入雲朵的腰帶。以堅結的方式綁緊（▼第101頁）。
雷紋
菊花圖紋的振袖

＊輪廓為白邊的圖紋稱為「陰」

改繪自溪齋英泉〈丸海老屋内 おたか 諸国冨士尽 都之冨士〉

遊女

江戶時代後期

高階的花魁。*八朔吉原的遊女習慣穿著白無垢。

在結綿（▼第137頁）插入三支櫛與十八支簪

以絽或紗織成的薄打掛。白地松葉淡紋看起來非常涼爽。

將松樹雲朵圖紋的組板腰帶打在胸前，展示腰帶的圖紋。

袘（▼第122頁）是黑天鵞絨

❖改繪自歌川國貞〈江戸新吉原 八朔 白無垢の図〉

＊八月一日的意思。是德川家康進入江戶城的記念日。對江戶人而言，這是僅次於新年的重要日子。

遊女

江戸時代後期

於文化時期受大眾歡迎的花魁「大文字屋一本」。

懷紙
菊花圖紋的朱色中著（▼第6頁）
綠底紫花勝見圖紋的打掛
裲（▼第122頁）為市松圖紋

改繪自菊川英山〈せい桜むたま川のうち むさし 大文字屋内 ひともと〉

粋筋

江戶時代後期

渾身散發著粋筋氣息的大姐。從穿著前掛來看，應該是茶屋的女中。

切前髮（▼第115頁）
燈籠
焦結（▼第31頁）
弁慶格紋（▼第37頁）的半纏
藤紋的前掛
條紋小袖

❖改繪自歌川國芳〈春の夜げしき〉

＊粋筋就是與藝者或遊女有關的人

遊女

江戶時代後期

吉原的花魁稻本屋小稻的花魁道中裝扮

狀似交叉的櫛
島田髷
（▼第30頁）
以貝殼為造型的簪
花魁道中時的腰帶、俎板帶
背上有大碇。以歌舞伎《義經千本櫻》的*碇知盛為造型範本。
繩子為立體裝飾。這種將布插入其中的裝飾稱為肉入刺繡。

*想報復義經的平家餘孽平知盛敗北之際，將碇綱綁在身上，投海自盡。

改繪自歌川國貞〈豊国錦繪 新吉原江戶町 二丁目稲本屋内小稲〉

粋筋

江戶時代中期

遇到西北雨，撐起番傘的大姐。剛洗好的頭髮與藍染的和服可說是風情萬種。

番傘（▼141頁）
被稱為馬尾的「洗髮」
鹿子藍染的單小袖
從湯文字（腰卷）（▼第17頁）隱約露出的白皙雙腳

❖改繪自歌川國芳〈暑中の夕立〉

遊女

江戶時代後期

吉原花魁的夏季裝扮

天氣很熱，所以為了通風而做成袖掛。
曙染
島田髷（▼第30頁）
當時蔚為風潮的畫師酒井抱一的蝙蝠圖團扇
烏龜圖案的衣擺。直到江戶時代中期，烏龜都被繪製為靈獸，但是到了後期，便轉換成寫實的畫風。

改繪自歌川國貞〈江戶自慢 仲の町燈籠〉

遊女

江戶時代後期

岡本樓的花魁「重岡」的道中裝扮

垂髮
以鯉魚躍龍門為造型的俎板帶
立體菊花的肉入刺繡
(▼第132頁)
三片齒的高跟木屐

❖改繪自〈新吉原京町一丁目 岡本楼内重岡〉

【唐輪髷】

在遊女與歌舞伎役者之間流行

【立兵庫】

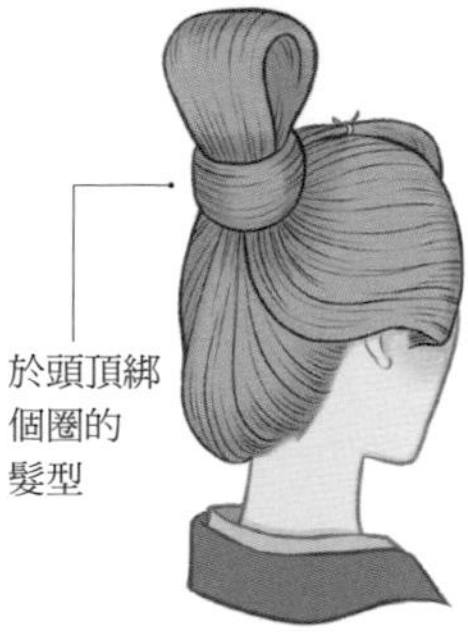

這是唐輪髷的改良版。據說是從攝津國兵庫的遊女開始。

※在橫兵庫出現後，這種髮型才稱為「立兵庫」，藉此與橫兵庫區別。

【勝山】

由當時大受歡迎的遊女「勝山」帶動流行的髮型

【大島田】

由於根部較低、前髷較大，所以稱為大島田。

自江戶初期，年輕女孩模仿阿國歌舞伎的男裝若眾髷開始。一說認為這種髮型的名稱是從shimetawa▼shimada（島田）演變而來，另有一說認為是駿河國島田宿的遊女最早開始綁這種髮型。

【櫛卷】

不綁緊根部，只將頭髮扭成結，再以櫛固定，然後將髮梢纏在根部的髮型。

【兩兵庫】

隨著橫兵庫＝兩兵庫的時代過去之後，直立的兵庫髷平躺成2個圈。這就是伊達兵庫的原型。

【伊達兵庫】

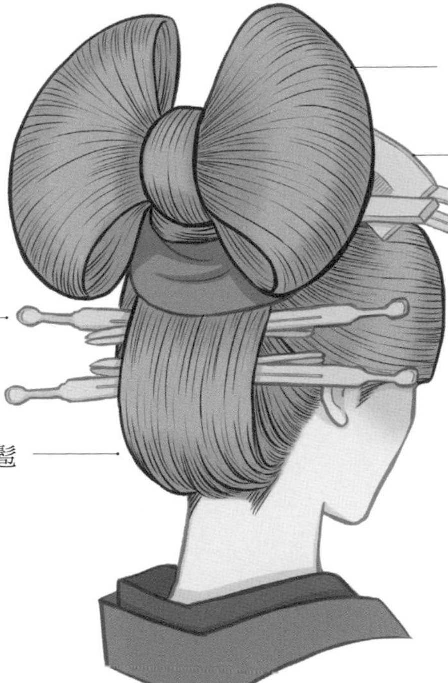

若問花魁都是什麼髮型，應該會有不少人想到伊達兵庫，但其實這是江戶時代後期的遊女髮型。兩兵庫的圈圈會往外擴張成蝴蝶。

【結綿】

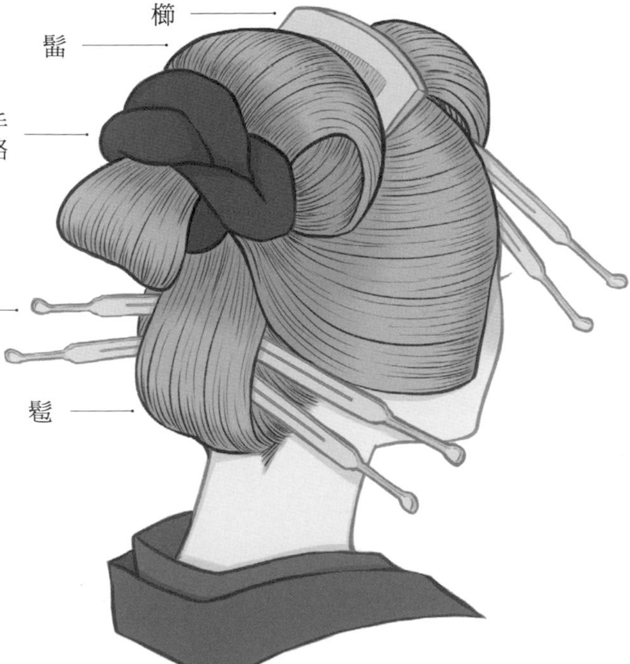

大部分的人都認為遊女的髮型是兵庫，但其實島田髷也很受遊女歡迎。這個結綿就是在扁島田上裝飾手絡。結綿是利用繩子從數片真綿的中央綁牢的形狀，而這種髮型很像是被綁緊的真綿，所以才稱為結綿。

禿是一邊於遊廓照顧資深遊女，一邊修業的少女。資深遊女會替自己的禿打扮，以免比其他人的禿遜色。
大人棄用的閃亮花簪為少女時代增色不少。

在高島田插入松與櫻的兩天簪。
閃亮亮的頭飾超豪華！

❖改繪自喜多川歌磨〈松葉屋内喜瀨川〉

還是芥子頭的年幼禿。
菊花花簪也比較小支。

❖改繪自喜多川歌磨〈若那屋内しら玉〉

在二折髷插入
大朵假牡丹

❖改繪自鳥文齋榮之〈若菜初模様 扇屋滝橋〉

只有禿才會在高島田插入菊花花簪，再於瀏海綁緞帶。

❖改繪自歌川芳盛〈艶色全盛揃 金兵衛大黒内今紫〉

花魁道中的禿會把自己打扮得非常華麗，完全不輸給自己服侍的花魁。和服的圖紋會與姐姐的打掛相同，或是在設計上有所關聯。這肯定是經濟能力足夠才辦得到的事情。

花簪
肩上
豇豆
振袖

❖改繪自鳥居清長〈東風俗略十種香〉

緋縮緬的襦袢
豇豆
袖口有緞帶這類裝飾（豇豆）的廣袖，是花街童女的時尚特徵。
穿著三枚襲的振袖也是禿的時尚特徵。此時的振袖通常會是緋色或紫色這類華麗的顏色。腰帶結會位於背後，通常採用一結、水木結或堅結（▼第100、101頁）。
黑底的POKKURI（▼第108頁）

❖改繪自二代目喜多川歌麿〈松葉屋内粧ひ〉

從初期至中期為止，庶民可自由選擇要將腰帶的結打在前面或後面，但後來發現綁在前面很礙事，綁在後面就成為主流。唯有遊女依然將腰帶綁在前面。

將腰帶綁在前面的振袖稱為振袖新造。振袖搭配綁在前面的腰帶是吉原特有的風俗。

❖改繪自鳥居清長〈青楼四季十二花形 京町一丁目 鶴屋うちすがたみ〉

若問為什麼把腰帶打在前面，其實眾說紛紜，一說是為了在遊行時，讓路人看到腰帶有多麼華麗，另一說則是受到已婚者會把腰帶打在前面的習俗影響。

❖改繪自歌川國貞〈北国五色墨（花魁）〉

若問江戶時代前期的雨具有哪些，就是斗笠或是披在身上的蓑衣。雨傘是於江戶中期之後才開始普及。傘是源自貴人遮陽的蓋（長柄的絹傘），花魁之所以在遊行時撐傘也是模仿這個習俗。

菅笠

晴雨兩用的斗笠，而且男女通用。自雨傘普及之後，菅笠就當成旅行用具使用。

番傘

平常使用的平價雨傘。是於天和時期（17世紀後期），源自大坂的大黑屋。一說認為，原本因為有圓形的蓋印而被稱為「判傘」，之後才又慢慢地被稱為「番傘」，另一說認為這類雨傘為了方便租出而標有番號，所以才被稱為番傘。

蛇目紙傘

標準的和傘，從古自今都有許多人愛用。據說是於元祿時期（17世紀末）出現，是從番傘改良而來的高級品。
圖案看起來像蛇的眼睛，所以才稱為蛇目。

兩天傘

晴雨兩用的傘。
沒有傘頂，也沒有塗漆，所以基本上是當成陽傘使用。傘面為鼠色（灰色）的紙，上面塗有一層薄油。

奴蛇目傘

中心的部分不塗黑，只有傘面邊緣塗黑的蛇目紙傘。

傘頂

雨用的番傘一定會有「傘頂」，否則一下子就會被雨淋壞了。

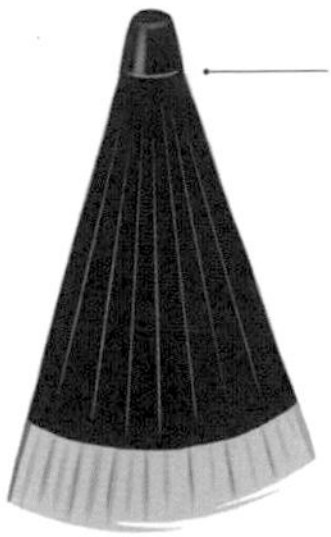

有塗漆防水。江戶時代的蛇目紙傘不會加上「傘頂」。

結語

在日本史之中，最接近現代和服的是曾被當成內衣穿的「小袖」，直到室町時代小袖才成為外穿的服裝。江戶時代是小袖臻於完善的時期，不論男女老幼，也不問出身貴賤，每個人身上都穿著不同的小袖，因此把江戶時代形容成和服的全盛時期一點也不為過。雖然大正～昭和時期的和服受到眾人吹捧，但對江戶時期的和服有興趣的人來說，這類和服似乎略欠火候（純粹是個人見解），所以我才會決定繪製本書的插圖。

在社群媒體發表這些插圖後，沒想到反應比預期中來得更好，讓我覺得「沒想到有這麼多人喜歡江戶時期的和服啊」，心中的石頭也總算放下，這也是無可取代的喜悅。

至今我仍不敢相信自己能整理出這本書，人生真的是充滿了未知與喜悅。除了感謝給予出版機會的MAAR社，也非常感謝負責編輯的林綾乃。

此外也非常感謝願意傾囊相授相關知識，以及負責監修插圖與內文的丸山伸彥老師，感謝他願意指導我這個只是喜歡江戶事物的插畫家。

撫子凜

參考文獻

- 『日本の髪型—伝統の美 櫛まつり作品集』(光村推古書院)
- 『日本服飾史 男性編』(光村推古書院)
- 『裁縫雛形』(光村推古書院)
- 『結うこころ—日本髪の美しさとその型:江戸から明治へ』(ポーラ文化研究所)
- 『図説江戸4　江戸庶民の衣食住』(学研プラス)
- 『日本ビジュアル生活史 江戸のきものと衣生活』(小学館)
- 『江戸文化歴史検定公式テキスト 中級編 江戸諸国萬案内』(小学館)
- 『江戸文化歴史検定公式テキスト 上級編 江戸博覧強記』(小学館)
- 『資料 日本歴史図録』(柏書房)
- 『黒髪の文化史』(築地書館)
- 『大江戸カルチャーブックス 江戸300年の女性美—化粧と髪型』(青幻舎)
- 『大江戸カルチャーブックス 江戸のダンディズム—男の美学』(青幻舎)
- 『江戸の女装と男装』(青幻舎)
- 『江戸衣装図鑑』(東京堂出版)
- 『江戸結髪史』(青蛙房)
- 『江戸服飾史』(青蛙房)
- 『日本結髪全史』(創元社)
- 『図解 日本の装束』(新紀元社)
- 『歌舞伎の四百年—人物でつづる、年表でたどる/演劇界2003年8月臨時増刊号』(演劇出 版社)
- 『歌川国貞 これぞ江戸の粋』(東京美術)
- 『岩波文庫 近世風俗志—守貞謾稿』(岩波書店)
- 『東洋文庫 貞丈雑記1〜4』(平凡社)
- 『東洋文庫 都風俗化粧伝』(平凡社)
- 『日本服飾小辞典』(源流社)
- 『絵解き「江戸名所百人美女」江戸美人の粋な暮らし 』(淡交社)
- 『ふくろうの本 図説 浮世絵に見る江戸吉原』(河出書房新社)
- 『マールカラー文庫 肉筆浮世絵1〜3』(マール社)
- 図録『没後150年記念 歌川国貞』(太田記念美術館)
- 図録『没後150年記念 破天荒の浮世絵師 歌川国芳』(NHKプロモーション)
- 図録『没後150年記念 菊川英山』(太田記念美術館)
- 図録『江戸の美男子—若衆・二代目・伊達男』(太田記念美術館)
- 図録『ボストン美術館所蔵—俺たちの国芳わたしの国貞』(日本テレビ放送網)
- 図録『江戸に遊ぶ 嚢物にみる粋の世界』(サントリー美術館)
- 図録『シカゴ・ウエスト・コレクション—肉筆浮世絵 美の競艶 』(小学館スクウェア)
- 図録『ボストン美術館所蔵—浮世絵名品展 鈴木春信』(日本経済新聞社)
- 図録『江戸のふぁっしょん—肉筆浮世絵にみる女たちの装い』(工芸学会麻布美術工芸館)
- 図録『浮世絵の美・雨と雪と傘』(岐阜市歴史博物館)
- 図録『歌川国貞　美人画を中心に』(静嘉堂文庫)
- 図録『江戸の誘惑 ボストン美術館所蔵 肉筆浮世絵展』(朝日新聞社)
- 図録『浮世絵 百花繚乱 女の装い・雪月花・ファッション』(神戸新聞社)
- 図録『男も女も装身具—江戸から明治の技とデザイン』(NHKプロモーション)
- 『鮨詰江戸にぎり 江戸風俗文化資料集』(江戸連)
- 『大盛江戸むすび 江戸風俗文化資料集』(江戸連)
- 加納楽屋口(https://kanoh.tokyo)
- その他いろいろ、たくさんの資料に支えられています。

大和時尚美學圖鑑

江戶人其實很潮！從平民到花街藝伎、藝人到武士貴族，用現代插畫解析浮世繪流行文化

作者撫子凜
監修者丸山伸彥
譯者許郁文
主編吳佳臻
封面設計羅婕云
內頁設計李英娟

發行人何飛鵬
PCH集團生活旅遊事業總經理暨社長李淑霞
總編輯汪雨菁
行銷企畫經理呂妙君
行銷企劃專員許立心

出版公司
墨刻出版股份有限公司
地址：台北市104民生東路二段141號9樓
電話：886-2-2500-7008／傳真：886-2-2500-7796
E-mail：mook_service@hmg.com.tw
發行公司
英屬蓋曼群島商家庭傳媒股份有限公司城邦分公司
城邦讀書花園：www.cite.com.tw
劃撥：19863813／戶名：書虫股份有限公司
香港發行城邦（香港）出版集團有限公司
地址：香港灣仔駱克道193號東超商業中心1樓
電話：852-2508-6231／傳真：852-2578-9337
製版・印刷漾格科技股份有限公司
ISBN978-986-289-632-7・978-986-289-631-0（EPUB）
城邦書號KJ2017 **初版**2022年1月
定價380元
MOOK官網www.mook.com.tw
Facebook粉絲團
MOOK墨刻出版 www.facebook.com/travelmook

國家圖書館出版品預行編目資料

大和時尚美學圖鑑：江戶人其實很潮!從平民到花街藝伎、藝人到武士貴族,用現代插畫解析浮世繪流行文化/撫子凜作；許郁文譯. -- 初版. -- 臺北市：墨刻出版股份有限公司出版：英屬蓋曼群島商家庭傳媒股份有限公司城邦分公司發行, 2022.1
144面；14.8×21公分. -- (SASUGAS ;17)
譯自：お江戸ファッション図鑑
ISBN 978-986-289-632-7(平裝)
1.服飾 2.江戶時代 3.日本
538.1831　110014455